ALICE PARKER

Träume als Schlüssel zum Selbst

Buch

Dieses umfassende Lexikon der Traumbilder und -symbole bietet einen gut verständlichen Einstieg in die Traumdeutung. Über 1500 Begriffe werden ausführlich gedeutet und erklärt. Doch die Besonderheit dieses höchst anregenden Nachschlagewerkes besteht in der weiterführenden Fragestellung zu den Traumbildern: Nicht nur die Bedeutung Ihrer Träume ist wichtig, sondern die Konsequenzen, die Sie daraus ziehen. Die Autorin fordert auf faszinierende Art und Weise zum Weiterdenken und Umsetzen der Ratschläge Ihres Unterbewußtseins auf.

Autorin

Alice Anne Parker ist ein in der Lehre der Druiden geschultes Medium. In ihrer Arbeit hat sie sich auf die Traumdeutung spezialisiert. Durch ihre Zeitungskolumne »Dreamline« und ihre Workshops wurde sie in den USA einem größeren Publikum bekannt.

ALICE PARKER

TRÄUME ALS SCHLÜSSEL ZUM SELBST

1500 Traumbilder als persönliche Wegweiser erkennen

Aus dem Amerikanischen
von Ulla Rahn-Huber

GOLDMANN

Die Originalausgabe erschien unter dem Titel
»Understand Your Dreams« bei Kramer Inc., Tiburon

Deutsche Erstausgabe

Umwelthinweis:
Alle bedruckten Materialien dieses Taschenbuches
sind chlorfrei und umweltschonend.
Das Papier enthält Recycling-Anteile.

Der Goldmann Verlag
ist ein Unternehmen der Verlagsgruppe Bertelsmann

Deutsche Erstausgabe März 1998
© 1998 der deutschsprachigen Ausgabe
Wilhelm Goldmann Verlag, München
© 1991, 1995 der Originalausgabe Alice Parker
Umschlaggestaltung: Design Team München
DTP-Satz: Barbara Rabus
Druck: Elsnerdruck, Berlin
Verlagsnummer: 13240
Lektorat: Olivia Baerend
Redaktion: Claudia Alt
Herstellung: Sebastian Strohmaier
Made in Germany
ISBN 3-442-13240-1

1 3 5 7 9 10 8 6 4 2

Mein herzlicher Dank gilt:

Dr. Thomas Maugham
Jane Roberts
Eya Yellin
Alvan Perry Parker

Inhalt

Vorwort zur zweiten Auflage
der amerikanischen Ausgabe

Ich möchte allen Lesern danken, die mir Aufstellungen ihrer Traumbilder zugesandt haben, um sie in die zweite Auflage dieses Buches mit aufzunehmen. Besonders verbunden bin ich jenen, die mir geschrieben haben, wie sehr ihnen dieses Buch gefallen hat und wie nützlich es sich für sie erwiesen hat. Solche Briefe scheinen mich immer genau in dem Augenblick zu erreichen, in dem ich ein wenig Lob und Anerkennung brauche, und ich weiß sie sehr zu schätzen.

Wie viele von Ihnen habe auch ich oftmals ein Traumbild in diesem Buch nachgeschlagen und mir beim Lesen der Assoziationen oder der Fragestellung leicht verärgert gedacht: »Nein, das paßt überhaupt nicht!« Dies geschieht in der Regel dann, wenn der Traum für mich selbst oder im jeweiligen Zusammenhang eine spezifische Bedeutung hat. Doch selbst wenn die persönliche Bedeutung eines Bildes nur sehr wenig mit den vorgeschlagenen Assoziationen oder Fragen zu tun hat, erschließen sich mir durch das Nachlesen tiefere Bedeutungsebenen.

Denken Sie bitte daran, daß der Schlüssel zur Traumdeutung stets in den Gefühlen liegt. Wie haben Sie sich während Ihres Traumes gefühlt? Welche Empfindungen hat ein bestimmter Gegenstand, eine Person oder Handlung in Ihnen ausgelöst? Für den einen mag ein »Bankett« ein langweiliges Ritual sein, während es für einen anderen womöglich eine lang erhoffte Anerkennung beinhaltet. Die beiden im Buch genannten Assoziationen – »Formelle Feier« und »Anerkennung« – gewinnen also für jeden eine eigene Bedeutung. Haben wir aber erst einmal das Gefühl erkannt, so kann sich uns der eigentliche Sinn erschließen.

Ich möchte an dieser Stelle auch Sam Wagonvoord und Ted Sax vom Radiosender K108 in Honolulu sowie John Kelleher und der wunderbar kreativen Gray Cleeson vom Sender KGU, ebenfalls in Honolulu, danken, ebenso wie allen Hörern, die bei der »Dreamline« – meiner Radiosendung zum Thema Traumdeutung – angerufen haben, um mit mir über ihre Traumbilder zu sprechen.

Schließlich gilt mein Dank allen Freunden, die mir geschrieben oder mich angerufen haben, um sicherzustellen, daß bestimmte Stichworte in dieser Auflage nicht fehlten, ganz besonders Wendy Saito, Kristina Natalie, Luana Kuhns, Laura Paulson, Jesse Molina, Karma Blank sowie meinem Kollegen Toni Gallardi. Meinem Mann Henry Holthaus gilt mein ungeteiltes Lob für seine Aufzeichnungen der »Dreamline«-Sendungen und seinen unerschütterlichen Humor. Besonders danken möchte ich Nancy Grimley Carleton für ihre Geduld und verlegerisches Feingefühl sowie Uma Ergil bei H. J. Kramer für die uneingeschränkte Unterstützung in meiner Autorentätigkeit und die hervorragende Lektoratsarbeit, die sie bei dieser Auflage geleistet hat.

Danksagung

Vor einigen Jahren meinte mein Freund Bosco d'Bruzzi, ich solle doch ein Buch über Traumbilder schreiben. Wie die meisten ernsthaften Traumarbeiter hatte ich eine ausgesprochene Aversion gegen Traumdeutungsbücher, wenngleich ich selbst eine ganze Sammlung faszinierender Originalbände aus dem neunzehnten Jahrhundert in meinem Bücherschrank stehen hatte.

Beim Durchblättern von Louise Hays unschätzbarem Handbuch »Heile deinen Körper«, in dem die metaphysischen Ursachen von physischen Beschwerden dargestellt sind, kam mir dann aber eines Tages der Gedanke, daß ein vergleichbares Buch zu Traumbildern für jeden an der Deutung seiner Träume interessierten Menschen eine wertvolle Hilfe sein könnte. Meine Freundin Sara Halprin schlug vor, anstelle von »Bedeutungen« mit »Assoziationen« zu den einzelnen Traumbildern zu arbeiten, und so konnte die Arbeit beginnen.

Ganz besonders möchte ich Louise Hay für die gelungene Gestaltung des Buches und ihre visionäre und doch realitätsnahe Führung danken.

Meine Verbundenheit gilt auch Gabrielle Lusser Rico und Tony Buzan, die mit ähnlichen Techniken des Bündelns oder der Darstellung von Informationen in Kreisen gearbeitet haben, wie ich sie hier für Träume nutze. Rico entwickelte das nicht-lineare Brainstorming als Mittel zur Förderung von Kreativität und Übersichtlichkeit in seinen Schriftsteller-kursen in den USA. Gleichzeitig setzte Tony Buzan in England das sogenannte »Mapping« ein, um bei der Organisation von großen Informationsmengen gleichzeitig auf beide Gehirnhälften zuzugreifen. Ich habe lange mit dieser Technik des Mapping gearbeitet, doch erst nach der Lektüre von Ricos Buch »Garantiert schreiben lernen« erkannte ich, wie hilfreich der Prozeß des Bündelns für die Aufzeichnung von Träumen sein konnte.

Wir alle sind auf gute Freunde angewiesen, die uns auf dem mühsamen und mit Enttäuschungen gepflasterten Weg zum Erfolg unterstützen und ermutigen. Für mich gehört Tam Mosmann zu dieser Kategorie – sein fachkundiger Rat hat mein Vertrauen in meine eigenen schriftstellerischen Fähigkeiten enorm gesteigert. Meine liebe Freundin LaUna Huffines brachte mich dankenswerterweise in Kontakt mit den für mich idealen Verlegern, Hal und Linda Kramer. Meiner Tochter April Severson, meinem Mann Henry Holthaus und meinen Verbündeten Freude Bartlett und Mary Kathryn Cope gilt mein herzlicher Dank für ihr jahrelanges unablässiges Vertrauen in meine Arbeit. Die Freundschaft mit Mel Lee, Lana Sawyer, Owen Sawyer, Barbara Such, Peter Bloch, Mary Platt, Kathy Vinton, Herb Long, Harold Cope, Terence Stamp, Sheila Rainer, Pamela Norris, Peggy Donavan und Herb Goodman hat wesentlich, wenn auch auf nicht genau zu beschreibende Weise, zur Entstehung dieses Buches beigetragen. Auch den Teilnehmern an meinem Kurs zur interaktiven Traumarbeit in Honolulu bin ich für ihre hilfreichen Kommentare bei der Zusammenstellung des Traumbild-Verzeichnisses verbunden. Mein Dank geht an Sandra Brockman, Mary Kathryn Cope, Nancy Crane, Bosco d'Bruzzi, Carla Hayashi, Jan Kaeo, Luana Kuhns, Patricia Martin, Garrett Miyake, Karen Miyake, Georgia Putnam, Jessica Putnam, Doris Rarick, Helen Schalpak, John Squires und Margaret Stallings.

Vielen Dank auch an all jene, die mir in meinen Seminaren ebenso wie während der Radiosendung »Dreamline« und der gleichnamigen Zeitungskolumne so großzügig ihre Träume erzählt haben.

TEIL I

Träume erinnern und verstehen

Traumarbeit

In den vergangenen achtunddreißig Jahren habe ich mit Tausenden von Träumen gearbeitet – meinen eigenen sowie denen anderer Menschen. Nach den Gesprächen mit unzähligen Klienten bin ich zu dem Schluß gekommen, daß es im wesentlichen drei Hindernisse für eine erfolgreiche Traumarbeit gibt.

Das erste ist ganz offensichtlich und uns allen nur allzu bekannt: *Wir können uns gar nicht erst an unsere Träume erinnern.* Trifft dies für Sie zu, so beginnen Sie damit, irgendeinen Traum – oder auch nur Bruchstücke eines Traumes – aufzuschreiben, an den Sie sich erinnern, ganz gleich, wie lange er auch her sein mag. Gehen Sie dann anhand dieser Aufzeichnungen die einzelnen Schritte zur Traumbearbeitung durch, die auf den folgenden Seiten beschrieben sind. Die Tatsache, daß Sie einem Ihrer Träume solche Aufmerksamkeit schenken, und wenn dieser auch noch so lange zurückliegt, reicht oft aus, um ein neues Muster der Traumerinnerung zu etablieren.

Was aber, wenn Sie sich *nie* auch nur an einen einzigen Traum erinnern können? Auch dann gibt es Hoffnung! Schreiben Sie einfach eine Kindheitserinnerung nieder und stellen Sie sich vor, daß Sie das Ganze nur geträumt hätten. Am besten, Sie wählen ein Erlebnis aus, das im Rückblick möglichst starke Emotionen auslöst; zur Not reicht aber auch eines, das sie nur noch ganz schwach im Gedächtnis haben. Nur ein oder zwei Bilder und die damit einhergehenden Gefühle liefern ausreichend Material, um damit zu arbeiten. Bearbeiten Sie die Erinnerungen mit Hilfe der nachfolgend beschriebenen Grundtechnik, so eröffnen sich Ihnen faszinierende (und manchmal auch ausgesprochen handfeste) Botschaften, die unmittelbar hinter der Schwelle des Wachbewußtseins auf Sie warten. Haben Sie sich erst einmal auf derart intensive Weise mit einem Traum oder einer traumähnlichen Erinnerung auseinandergesetzt, werden Sie sich aller Wahrscheinlichkeit nach in Zukunft immer häufiger an Ihre Träume erinnern.

Das zweite und weitverbreitetste Hindernis besteht darin, *sich an seine Träume zwar zu erinnern, sie aber nicht zu verstehen.* In diesem Teil des Buches vermittele ich Ihnen das Rüstzeug, um sich die vielen Bedeutungsebenen zu erschließen, welche die meisten Träume bieten. Das Verzeichnis im zweiten Teil ermöglicht es Ihnen dann, den Sinn selbst der allerundurchsichtigsten Traumsymbole zu erfassen.

Das dritte Hindernis erweist sich in der Praxis oftmals als das gravierendste: *Die meisten von uns haben einfach nicht die Zeit, ihre Träume aufzuschreiben.* Ganz gleich, wie willig wir auch sein mögen – die Kinder müssen dennoch rechtzeitig in die Schule geschickt werden, Telefonanrufe am frühen Morgen reißen uns aus unseren Gedanken, und die Anforderungen eines hektischen Tages überrollen uns. Ein paar Minuten reichen aber schon aus, um elementare Details eines Traumes in Vergessenheit geraten zu lassen. Eine meiner Klientinnen erzählte einmal, wie sie ihr Traumtagebuch nicht auf dem Nachttisch, sondern auf einer Kommode an der anderen Raumseite abgelegt hatte. Als sie es erreiche, war es bereits zu spät – allein während sie das Schlafzimmer durchquerte, hatte sich die Erinnerung an den Traum komplett verflüchtigt.

Wie aber können Sie hoffen, sich einen Reim auf etwas zu machen, an das Sie sich gar nicht mehr erinnern können? Und selbst wenn es Ihnen gelingt, Ihre Träume einzufangen und sich gut an sie zu erinnern, müssen Sie eine effiziente – und vor allem *schnelle* – Möglichkeit finden, um sie niederzuschreiben, bevor sie Ihnen wieder entgleiten. Die im folgenden beschriebene Acht-Schritte-Methode wird Ihnen helfen, sich an Ihre Träume zu erinnern und sie zu verstehen.

Die Acht-Schritte-Methode zur Traumdeutung

1. Schritt:
Notieren Sie die Bilder Ihres Traumes

Träume haben oft die merkwürdige Angewohnheit, »auf einen Schlag« in unserer Wahrnehmung abzulaufen. Anders als wir es aus unserem normalen Wachbewußtsein heraus gewohnt sind, folgen sie keinem linearen Muster. Sie in Erzählform niederzuschreiben, ist nicht nur viel zu zeitraubend, sondern wird auch dem Sinn des Traumes nicht gerecht, in dem die Ereignisse eher auf zirkuläre, ganzheitliche und organische Art miteinander in Beziehung stehen. Anstatt Ihre Träume also niederzuschreiben, sollten Sie lieber versuchen, Ihre Traumbilder in simplen Kreismustern darzustellen.

Das kostet wesentlich weniger Zeit als das normale Formulieren in ganzen Sätzen, und es erlaubt gleichzeitig, die einzelnen Traumereignisse auf sehr viel fließendere und flexiblere Weise in Beziehung zu setzen. Fassen Sie also die wesentlichen Bilder des Traumes in einem Muster aus Kreisen zusammen und lassen Sie diese Informationen dann ruhen, während Sie sich Ihrem normalen Tagesprogramm zuwenden. Malen Sie für jedes Element einen Kreis, der der Bedeutung des einzelnen Bildes oder Ereignisses entspricht. Ziehen Sie einen großen Kreis, um darin in wenigen Worten die zentrale Handlung zu beschreiben; ringsum ordnen Sie dann kleinere Kreise an, um die Abfolge der Ereignisse wiederzugeben. Die Kreise müssen keineswegs so perfekt aussehen wie in den hier gezeigten Abbildungen. Es genügt eine grobe Handzeichnung, in der die wesentlichen Bilder notiert werden. In Abbildung 1 sind mehrere Beispiele für mögliche Anordnungen dargestellt.

Mit dieser Technik können Sie die Hauptkomponenten Ihres Traumes rasch festhalten, und wenn Sie sich Ihr Diagramm später wieder anschauen, haben Sie genügend Material zur Verfügung, um Ihrem Gedächtnis auf die Sprünge zu helfen. Diese Methode ist nicht nur zeitsparender als das Notieren von Träumen in ganzen Sätzen, sondern gibt das eigentliche Thema auch sehr viel treffender wieder. Mit Hilfe solcher »Streumuster«-Diagramme ist es darüber hinaus möglich, die einzelnen Traumereignisse auf fließendere und flexiblere Weise miteinander in Beziehung zu setzen.

Dieses neue System ist anfangs sicher etwas ungewohnt, doch es erlaubt, selbst lange und komplexe Träume schnell zu notieren; auch wenn Sie es besonders eilig haben.

2. Schritt:
Welches Wort oder welcher Satz trifft Ihr Gefühl in diesem Traum am besten?

Mit diesem zweiten Schritt können Sie sich befassen, während Sie zur Arbeit fahren, eine zweiten Tasse Kaffee nach der morgendlichen Hektik genießen oder sich abends aufs Zubettgehen vorbereiten. Fragen Sie sich: »Wie habe ich mich in meinem Traum gefühlt?« oder »Welches Gefühl hat der Traum in mir ausgelöst?«

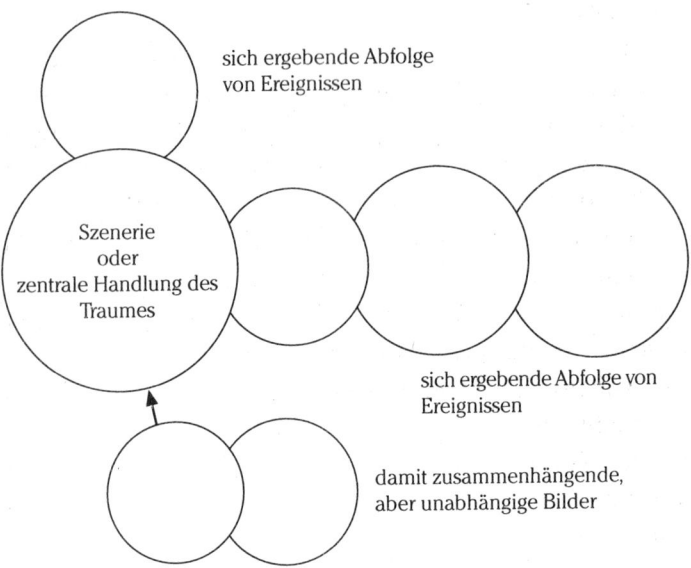

sich ergebende Abfolge
von Ereignissen

Szenerie
oder
zentrale Handlung des
Traumes

sich ergebende Abfolge von
Ereignissen

damit zusammenhängende,
aber unabhängige Bilder

Manchmal ist es sinnvoll, die Kreise mit Pfeilen oder
Symbolen zu verbinden.

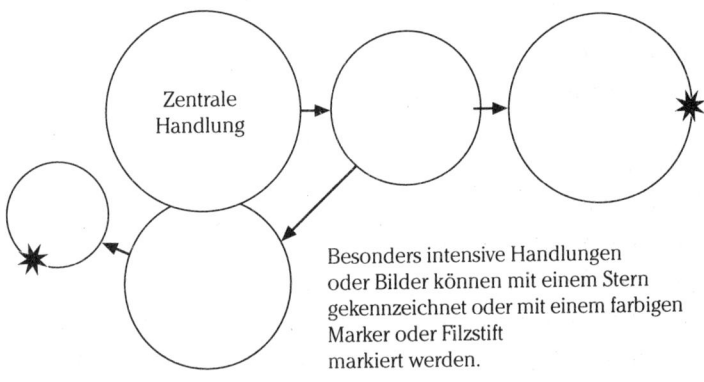

Zentrale
Handlung

Besonders intensive Handlungen
oder Bilder können mit einem Stern
gekennzeichnet oder mit einem farbigen
Marker oder Filzstift
markiert werden.

Abbildung 1:
Beispiele für mögliche Anordnungen von Traumkreisen

Die Beantwortung dieser Frage sollte Ihnen leichtfallen, selbst wenn sie manchmal ein wenig vage bleibt. Worte wie »neugierig«, »besorgt« oder »verwirrt« sind häufige Antworten. Bei einem schlechten Traum könnten sie auch »ängstlich« oder gar »panisch« lauten. Ein ekstatischer Traum könnte ein »Hochgefühl« auslösen; meine eigenen Lieblingsträume hinterlassen in mir oft das Gefühl, daß alles in Ordnung ist und sich alles perfekt ineinanderfügt.

Es kann aber auch gut sein, daß Ihre Antwort komplexer ausfällt, wie etwa: »Ich frage mich, warum ich nicht in diesen wunderschönen Räumen gelebt habe!« oder »Ich kann mir nicht vorstellen, wie ich meine Tasche rechtzeitig gepackt bekommen soll und habe Angst, das Flugzeug zu verpassen!« Hier liegt der Schlüssel zur Deutung in emotional aussagekräftigen Formulierungen wie *»Ich frage mich, warum ich nicht ... gelebt habe«*, *»Ich kann mir nicht vorstellen ...«* und *»Ich habe Angst ... zu verpassen«*.

3. Schritt:
Wann begegnet Ihnen dieses Gefühl im Wachzustand?

Den Ursprung jedes einzelnen Gefühls zurückzuverfolgen, kann sich manchmal als schwierig erweisen, doch in den meisten Fällen kommen uns unsere Empfindungen gleich auf Anhieb bekannt vor, so als ob irgendwo in unserem Inneren ein »Glöckchen« läutet, und ein bestimmtes Lebensthema fällt uns in diesem Zusammenhang ein. So könnte man in dem unter Schritt 2 genannten Beispiel entdecken, daß man seine Kindheitsträume nicht verwirklicht hat, daß man sich nicht vorstellen kann, wie man das komplette Sammelsurium der angehäuften Einstellungen und Verhaltensweisen »verstauen« und immer noch den »Höhenflug« zu einem umfassenderen Verständnis dessen antreten kann, worum es im Leben eigentlich geht.

Indem Sie sich solche Fragen stellen und beantworten, nutzen Sie die wertvollen Hinweise, die Ihnen Ihre Träume Nacht für Nacht liefern, um Sie auf stets neue und kreative Weise zu führen.

4. Schritt:
Welche Schlüsselhandlungen kommen in Ihrem Traum vor?

Notieren Sie die Schlüsselhandlungen Ihres Traumes und ziehen Sie dann den zweiten Teil dieses Buches zu Rate. Lesen Sie jeweils die Assoziationen in der zweiten und die Fragen in der dritten Spalte nach. Erscheinen Ihnen diese passend, so schreiben Sie Ihre Antworten auf, und zwar besonders dann, wenn sich eine bestimmte Handlung über längere Zeit immer wieder in Ihren Träumen wiederholt.

Vielleicht fällt es Ihnen anfangs schwer, solche »typischen« Traumhandlungen zu erkennen. Bei vielen von uns folgen die Träume regelmäßigen Mustern, die uns so vertraut sind, daß wir sie unter Umständen einfach als gegeben hinnehmen. Suchen Sie in Ihren Träumen etwa immer wieder nach einer neuen Wohnung, bekämpfen einen Feind, gehen einkaufen, finden Geld oder versuchen, ein gutes Essen auf den Tisch zu bringen? Ich war mein Leben lang in meinen Träumen immer auf Reisen. Dies erschien mir so natürlich und gewöhnlich, daß ich gar nicht auf die Idee kam, mich einmal nach der tieferen Bedeutung zu fragen. Statt dessen konzentrierte ich mich eher darauf, mit welchem Verkehrsmittel ich unterwegs war und was für unvermeidliche Hindernisse und Probleme es auf dem Weg gab; dabei übersah ich völlig, daß das Grundmuster all dieser Träume das Reisen war. Es war ein echter Durchbruch, als ich erkannte, daß meine Träume mir bildhaft Auskunft über meinen inneren »Bildungsroman« gaben und mich auf direktem Wege zu meinem Ziel der Bewußtseinserweiterung führten. Auch heute noch bin ich im Traum oft unterwegs, doch jetzt achte ich auf die tiefere Bedeutung dieser immer wiederkehrenden Reisen.

Achten Sie also auf die Handlungen Ihres Traumes, und zwar besonders dann, wenn Ihnen diese aus früheren, sich wiederholenden Träumen vertraut sind. Schlagen Sie diese anschließend unter dem entsprechenden Stichwort in Teil II nach, um zu sehen, ob Sie etwas mit den genannten Assoziationen anfangen können. Manchmal sagen Ihnen die Assoziationen nichts, doch allein schon zu sehen, was *nicht* zutrifft, kann Sie zu dem hinführen, was in Ihrem Fall das Richtige ist. Stellen Sie sich anschließend die Fragen, die in der rechten Spalte aufgeführt sind. Auch hier gilt: Wenn diese Fragen nicht hundertprozentig zutreffen, werden sie Ihnen in der Regel einen Hinweis darauf geben, welche Sie sich *statt dessen* stellen sollten.

ARBEIT MIT EINEM PARTNER

Aktives Träumen macht viel mehr Spaß, wenn Sie sich mit einem Partner zusammentun. Schon allein die Tatsache, daß Ihnen ein anderer die in der rechten Spalte von Teil II genannten Fragen stellt, läßt Sie viel eher eine passende Antwort finden. Sich mit dem Partner, einem Familienmitglied oder einem Freund über seine Träume auszutauschen, trägt zur Bereicherung des Traumerlebens und der Erweiterung des kollektiven Bewußtseins bei. Denken Sie daran: Ein erweitertes Bewußtsein ist in hohem Maße »ansteckend«!

5. Schritt:
Erstellen Sie eine Liste der Personen in Ihrem Traum. Für welche inneren Figuren stehen sie?

Schreiben Sie auf, wer in Ihrem Traum vorgekommen ist und betrachten Sie die einzelnen Personen nacheinander. Handelt es sich um reale Menschen, die Ihnen persönlich bekannt sind, stehen sie für sich selbst oder die Gefühle, die sie in Ihnen auslösen: die Ehefrau ist tatsächlich die Ehefrau, der Freund bleibt der Freund und so weiter. Bei der Deutung eines Traumes ist es jedoch sinnvoll, solche vertrauten Personen kurz zu charakterisieren. Beispielsweise: »Meine Frau ist *kompetent* und *extravagant.*« oder »Mein Freund ist *willensschwach,* aber *wohlmeinend.*«

Nun kommen wir zu einer etwas schwierigeren Aufgabe: Fragen Sie sich, welche *Aspekte* Ihres Selbst von den einzelnen Traumfiguren gespiegelt werden. Mit anderen Worten: Auf welche Weise sind *Sie selbst* kompetent und extravagant? Inwieweit beurteilen *Sie sich selbst* als willensschwach, aber wohlmeinend? Sehen Sie darüber hinaus unter den Stichworten Ehefrau und Freund nach, um herauszufinden, welche allgemeinen Assoziationen mit diesen Begriffen verbunden sind.

Wenn in Ihrem Traum ganz offensichtlich fremde Menschen vorkommen, dann schlagen Sie die Bedeutung von deren Funktion oder Beruf in Teil II nach. So ist für einen Zahnarzt beispielsweise die Assoziation von »Arbeit an der eigenen Unabhängigkeit und Macht« angegeben. Fühlen sich die genannten Assoziationen stimmig für Sie an, dann stellen Sie sich die für die einzelnen Charaktere angegebenen Fragen; bei dem Stichwort »Zahnarzt« lautet die Frage: »Welcher Teil von mir bedarf der Stärkung?«

6. Schritt:
Erstellen Sie eine Liste der wichtigsten
Orte, Gegenstände, Farben und Ereignisse
in Ihrem Traum.

Auch in diesem Fall gilt: Wenn die Assoziationen und Fragen für Ihren Traum zu passen scheinen, schreiben Sie Ihre jeweiligen Antworten auf.

Wenn sich der unter Schritt 5 erwähnte Zahnarzt im Traum an Ihren Zähnen zu schaffen macht, dann lesen Sie unter dem Stichwort Zähne als weitere Assoziationen: »Unabhängigkeit. Macht. Fähigkeit zu nähren und zu kommunizieren.« Und die Fragestellung lautet: »Wo in meinem Leben fürchte ich mich vor Abhängigkeit? Was möchte ich sagen?«

Erstellen Sie eine Liste aller Gegenstände, Orte, Farben und Ereignisse in Ihrem Traum, und zwar besonders solcher, die Ihnen extrem lebhaft, ungewöhnlich oder deplaziert erscheinen. In den meisten Träumen treten bestimmte Orte oder Gegenstände besonders hervor. In der Erinnerung erscheinen sie detaillierter oder sind von einem stärkeren emotionalen Feld umgeben. Wenn Sie die entsprechenden Assoziationen und Fragestellungen nachlesen, sollten Sie besonders auf solche starken Bilder achten.

Die in Teil II genannten Assoziationen sind meistens neutral oder positiv. Wenn Sie von einem wütenden Hund träumen, so finden Sie unter »Hund« nur die positiven Eigenschaften der Loyalität und Zuverlässigkeit. Nachdem Sie sich in Ihrem Traum von dem Hund aber bedroht fühlten, müssen Sie die Fragen entsprechend umformulieren. Sie lautet dann: »Wo fühle ich mich von einem Mangel an Loyalität bedroht?« oder »Inwieweit *mangelt* es mir an Selbstvertrauen?«

Die im Verzeichnis aufgeführte Liste an Traumbildern kann natürlich nicht vollständig sein. Im Traum kann uns alles Erdenkliche (und auch so manches Undenkbare!) erscheinen. Um die Bedeutungen und Assoziationen von Bildern aufzuspüren, die unerwähnt blieben, können jedoch ähnliche oder verwandte Gegenstände oder Gedanken Hinweise liefern. Haben Sie geträumt, daß Ihnen die Zähne ausfallen, werden Sie vielleicht verärgert feststellen, daß eine exakte Beschreibung dieses Bildes in der Auflistung fehlt. Schauen Sie aber sowohl unter »Zähnen« und »Fallen« nach, so führt Sie das zu der spannenden Frage: »Wo in meinem Leben habe ich Angst vor Abhängigkeit?« und »Wo möchte ich gern landen?«

Vielleicht erwies sich in Ihrem Leben die Angst vor Abhängigkeit als eine Hürde davor, intime Beziehungen einzugehen, so sehr fürchteten Sie, sich zu verlieben. Mit der Hilfe dieses Traumes aber stellen Sie vielleicht fest, daß Sie in Wirklichkeit gerade in einer auf gegenseitiger Unterstützung und Vertrauen basierenden Beziehung »landen« möchten, nach der Sie sich immer gesehnt haben.

PERSÖNLICHES TRAUMVOKABULAR

Die meisten Menschen haben ein besonders umfassendes Vokabular zur Beschreibung von Träumen, die den Interessen- beziehungsweise Fachgebieten in ihrem realen Leben entsprechen. So berichtete eine Innenarchitektin in einem Seminar stets bis ins letzte Detail von bestimmten Gestaltungsweisen und Oberflächenmustern. Um ihre Träume zu verstehen, arbeitete sie zunächst mit den Grundassoziationen für Bilder wie Wand, Teppich, Möbel, Stuhl, Antiquitäten, Farben und so weiter. Um sich subtilere Bedeutungsebenen zu erschließen, mußte sie jedoch einen Schritt weiter gehen und sich fragen, welche Gefühle die besonderen Details eines bestimmten Bildes in ihr auslösten.

Einmal träumte sie von zwei Stühlen; den ersten beschrieb sie als ein original Louis-XV-Modell, das mit wunderschönem grünen Seidenjacquard bezogen war. Der Stuhl war edel und wertvoll, gleichzeitig aber auch steif, zerbrechlich und ziemlich unbequem; dies, so folgerte sie, hatte mit ihrem eigenen Unbehagen ihren alten Prinzipien und Verhaltensweisen gegenüber zu tun. Der zweite Stuhl – die Kopie eines Modells aus einer späteren Epoche – war weniger wertvoll, aber wesentlich praktischer.

Anschließend betrachtete sie jedes einzelne Detail auf der Suche nach weiteren persönlichen Bedeutungsebenen. Ihr zuzuhören, wie sie die genaue Bedeutung von Louis XV im Vergleich zum Directoire, von Jacquard im Vergleich zu Petit Point analysierte, glich einem Einführungskurs in die diversen Stilrichtungen. In dem Maße, wie sie sich mit den Details auseinandersetzte, desto klarer wurde, welche Veränderungen Sie durchzuführen bereit war – sowohl in ihrem beruflichen als auch in ihrem privaten Leben.

Wenn Sie mit reichen Bildern aus Ihrem persönlichen Interessengebiet arbeiten, dann fragen Sie sich, was die spezifischen Einzelheiten, die Ihnen in Ihrem Traum besonders aufgefallen sind, in Ihnen auslösen. Auf diese Weise können Sie die allgemeinen Bedeutungen und Fragestellungen aus Teil II dieses Buches schon rasch durch persönliche Assoziationsebenen erweitern.

BEISPIEL EINER TRAUMANALYSE

Hier ein Beispiel der Vorgehensweise von Schritt 1 bis Schritt 6 anhand einer Aufzeichnung aus meinem eigenen Traumtagebuch. Die Handlung des Traumes war kurz, aber dafür um so bedeutsamer. Ich werde sie zunächst auf konventionelle, lineare Weise beschreiben:

Ich bin gemeinsam mit einer früheren Freundin namens Joan im Auto unterwegs. Wir schwänzen den Unterricht, um schwimmen zu gehen. Ich freue mich sehr darüber, diese Zeit mit ihr verbringen zu können. Dann verabschiede ich meine Tochter April am Bahnhof. Ich mache mir Sorgen, ob sie auch alle Unterlagen für die Reise parat hat und rechtzeitig ankommen wird, um das Schiff zu erreichen.

Ich weiß nicht mehr genau, welcher Teil des Traumes zuerst da war.

Mit der in Schritt 1 beschriebenen Technik konnte ich mühelos die beiden Ereignisse oder Bilder in zwei großen Kreisen unterbringen. Da ich nicht sicher war, welchen Teil ich zuerst geträumt hatte, verband ich die beiden Kreise mit einer Schlangenlinie (siehe rechte Seite oben). Die Handlungen schienen grundverschieden zu sein – so als ob sie ein Gegengewicht zueinander bilden oder einander ausschließen würden.

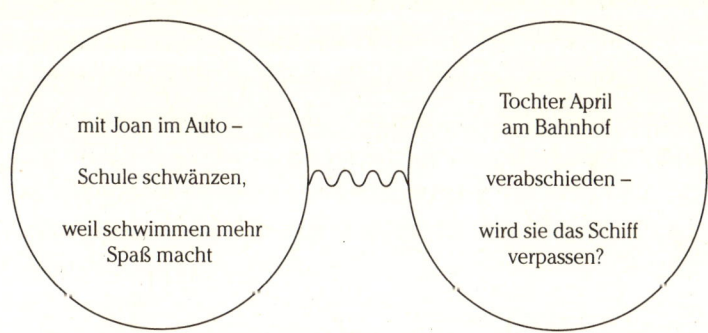

mit Joan im Auto –

Schule schwänzen,

weil schwimmen mehr
Spaß macht

Tochter April
am Bahnhof

verabschieden –

wird sie das Schiff
verpassen?

Nun zum zweiten Schritt: Welches Wort oder welcher Satz trifft Ihr Gefühl in diesem Traum am besten? Ich schrieb zunächst »wird sie das Schiff verpassen?« auf. Das war mein stärkstes Gefühl. Beim Aufwachen spürte ich eine mir wohlvertraute innere Beunruhigung und Besorgnis, mit der mich das Tuten eines Schiffshorns oder der Anblick eines Zugfahrplans jedesmal erfüllt. »Werden wir es noch rechtzeitig schaffen?« Und als nächstes notierte ich: »Ich bin *besorgt,* daß ich nicht mit April zusammensein kann – aber ich *freue mich,* daß ich etwas mit Joan unternehmen kann.«

Zum dritten Schritt: Wann begegnet Ihnen dieses Gefühl im Wachzustand? Oje! Das war alles andere als ein »Glöckchen«, was da läutete. Bei dem Gedanken an meine Empfindungen war mir eher, als würde mich jemand unsanft am Nacken fassen. »Bei der Arbeit und wenn mich der Ehrgeiz packt«, schrieb ich. »Ich habe Angst, das ›Schiff‹ des Erfolgs zu verpassen – andererseits aber glaube ich, alles zu wissen, was sich zu wissen lohnt, so daß ich den ›Unterricht schwänzen‹ und mich guten Freunden widmen kann.«

Es fiel mir auf, daß ich in meinem Traumtagebuch den 4. Schritt, in dem es um die Identifikation der Schlüsselhandlungen geht, ausgelassen hatte, doch darauf werde ich spä-

31

ter zurückkommen. Wenden wir uns nun zunächst einmal dem fünften Schritt zu: Für welche inneren Figuren stehen die Personen in Ihrem Traum? Ich überlegte zunächst, welche Eigenschaften mir für meine Tochter April einfielen, die damals an einer renommierten Universität studierte. Sie schien ein Inbegriff von Strebsamkeit und positivem Ehrgeiz zu sein. Gleichzeitig notierte ich, daß sie ihr Leben zu genießen wußte und ich sie tief und bedingungslos liebte. Als ich diese Informationen für mich umsetzte, erkannte ich, daß sie für mich diese Wesenszüge verkörperte – oder spiegelte.

In bezug auf Joan schrieb ich »verfehlte Ziele«, »Freude wird vorenthalten« und »Freundschaft wird verraten«. Ich sah in ihr eine Frau, die ihre einst so ehrgeizigen Ziele erfüllt, sich selbst viele Freuden vorenthalten und unsere Freundschaft verraten hatte. Wie ich erkannte, stand sie für jenen Teil von mir, der sich als Versager fühlt, sich nicht freuen kann und seiner Liebe keinen Ausdruck verleiht. Kein sonderlich angenehmes Bild!

Wenn Sie Ihre Träume auf diese Weise bearbeiten und sich mit den jeweils bedeutsamen Assoziationen und Fragen befassen, erhalten Sie einen guten Überblick darüber, welche Bereiche Ihres Lebens es zu verändern gilt. Anstatt ein passiver Beobachter von Ereignissen zu bleiben, können sie aktiv an der Gestaltung Ihrer Träume mitwirken.

7. Schritt:
Würden Sie gern Veränderungen an Ihrem Traum vornehmen? Wenn ja, welche?

Selbst ein schlechter Traum gibt Anstoß zur Veränderung, denn er zeigt, wo wir zu wachsen bereit sind. Allein durch seine Intensität zieht er unsere Aufmerksamkeit zwangsläufig auf jene Lebensbereiche, an denen es zu arbeiten gilt. So kann ein Alptraum – beispielsweise, daß einem die Zähne ausfallen – den Weg zu einer glücklichen, erfüllten Partnerschaft weisen. Allein das zu erkennen ist ein Schritt in die richtige Richtung.

Dann ist zu *entscheiden, ob und wenn ja, welche Veränderungen Sie an Ihrem Traum gern vornehmen würden.* Alle Elemente Ihres Traums gehören Ihnen. Sie können sie nach Belieben verändern und auf direkte und spektakuläre Weise von der Energie profitieren, die dabei freigesetzt wird. Es ist fast immer einfacher, einen Traum zu verändern, bevor man einen ähnlichen Transformationsprozeß im normalen Leben in Angriff nimmt. Tun Sie es, können Sie sicher sein, daß sich mit der Zeit ähnliche Veränderungen in Ihrem Alltag einstellen werden.

Beginnen Sie damit, sich verschiedene Enden für Ihren Traum auszudenken, und zwar besonders, wenn es sich dabei um Muster oder Serien handelt, die Ihnen über einen längeren Zeitraum hinweg immer wieder begegnet sind. Ein Traumskript umzuschreiben ist kein reiner Akt des Wunschdenkens. Wenn Sie mit alternativen Lösungen spielen, so machen Sie sich den Prozeß des »Querdenkens« zunutze, bei dem die Bilder aus den untersten Schichten des Bewußtseins auf kreative, spielerische Weise beeinflußt werden, um häufig lebenslange Probleme und Beschränkungen aufzulösen.

Haben Sie eine wirklich befriedigende Lösung für ein altes Traumproblem gefunden, dann gehen Sie vor dem Einschlafen den neuen Handlungsablauf in Gedanken durch. Wenn Sie, wie ich selbst, in Ihren Träumen ständig unterwegs sind, sich von Fahrplänen hetzen lassen und ständig irgendwelchen fehlenden Gepäckstücken hinterherjagen, dann kann es an der Zeit sein, endlich einen Privatjet zu chartern! Malen Sie sich vor Ihrem geistigen Auge aus, daß er erst dann starten wird, wenn Sie mit sämtlichem Gepäck bereitstehen, und keinen Augenblick früher. Es bleibt Ihnen sogar genügend Zeit, um noch einmal zurückzufahren und den roten Koffer zu holen, der Ihnen bei der rasanten Fahrt zum Flughafen aus dem Kofferraum gefallen ist.

Lassen Sie den Traum in Ihrer Phantasie zunächst in seiner vertrauten Form ablaufen, und verankern Sie dann das neue Ende. Wenn Sie dann einschlafen, können Sie damit rechnen, daß der Traum einige überraschende neue Wendungen nimmt – doch Sie sind gut vorbereitet und haben neue Lösungen oder eine kreative Alternative parat. Sie werden mit Sicherheit mit einem großartigen Erfolgsgefühl aufwachen!

Kehren wir noch einmal zu dem oben beschriebenen Beispiel aus meinem Traumtagebuch zurück: Ich beschloß also, in den für mich ziemlich beunruhigenden Traum bewußt einzugreifen. Welche Veränderungen würde ich gern vornehmen? Welche Teile gefielen mir? Ich notierte: »Ich würde gern am Bahnhof bleiben, bis April in den Zug eingestiegen ist und ich sicher wüßte, daß sie das Schiff noch erreichen wird. Der andere Teil des Traums hat mir gefallen, denn ich wußte, daß es in Ordnung war, dem Unterricht fernzubleiben, um mich mit Joan zu unterhalten und mit ihr schwimmen zu gehen. Ich hatte das Gefühl, wir könnten auf diese Weise wieder Freunde werden.«

SCHLECHTE TRÄUME IN GUTE VERWANDELN

Vor ein paar Jahren arbeitete ich mit einer Frau, die mir einen klassischen, wiederkehrenden Alptraum erzählte: Sie träumte, von einem Geräusch wach zu werden. Irgend jemand mußte in ihr Haus eingedrungen sein. Sie hörte das Knarren der Dielen und schwere Schritte im Korridor, die immer näher kamen. Sie war wie erstarrt vor Angst, und es gelang ihr nicht, um Hilfe zu rufen. Als schließlich die Tür aufgestoßen wurde, fuhr sie wirklich aus dem Schlaf – schweißgebadet und zitternd vor Angst.

Einen ersten Durchbruch erzielte die Klientin, als sie sich eines Nachts in einem Segelboot wiederfand und zusah, wie ihr Alptraum auf einem Fernsehbildschirm vor ihr ablief. Zuerst identifizierte sie sich mit dem Horrorfilm und hatte furchtbare Angst. Dann aber erkannte sie, daß es ja nur eine Fernsehsendung war, und sie schaltete einfach auf ein anderes Programm um.

Der Traum hatte meine Klientin über Jahre hinweg geplagt, und sie hatte entsetzliche Angst, daß er wiederkommen könnte. So fiel es ihr verständlicherweise ausgesprochen schwer, ihn als eine Chance zu sehen – also sich auf sein Erscheinen einzustellen in der Bereitschaft, ihn zu verändern. Ich freute mich zu sehen, wie sie dieses Verhalten änderte. Indem sie das Ganze nun auf dem Fernsehbildschirm ablaufen sah, distanzierte sie sich von ihrer Angst und war bereit, die alte Geschichte »auszuschalten«.

Nach diesem Zeitpunkt hatte meine Klientin jedoch einige

besonders furchteinflößende Traumerlebnisse, die sie in Angst und Schrecken versetzten. Gleichzeitig bohrte in ihr das Gefühl, daß ihr Traum eine Vorahnung sei und sie vor irgend etwas warnen solle, das in ihrem wirklichen Leben geschehen würde. Angesichts dieser Ängste eskalierte das Traummuster, und wenn sie nun in ihrem Traum aufwachte, war sie jedesmal überzeugt, daß das Ganze real sei und tatsächlich geschehe.

Meine Klientin arbeitete regelmäßig daran, verschiedene Enden für den Traum zu visualisieren und das neue Skript so lange in Gedanken durchzuspielen, bis sie mit der Lösung zufrieden war. In ihren ersten Versionen ging es stets darum, daß es ihr gelingen würde, laut zu rufen und tatsächlich Hilfe herbeizuholen. Ganz zu Anfang kam eine Katze, um ihr beizustehen – in diesem Fall erhielt sie also Unterstützung von einem Aspekt ihres Selbst, der einerseits weiblich und anschmiegsam, andererseits aber absolut unabhängig und selbständig war. Diese Lösung zeigte, daß sie dabei war, den Traum loszulassen und zu transformieren.

Der Kürze halber will ich hier nur einige wenige Beispiele nennen. Der eigentliche Prozeß nahm mehrere Monate in Anspruch, und es gab eine Reihe von Variationen zu diesem Grundthema. Im letzten Transformationsstadium kehrte der Traum zu seinem ursprünglichen Muster zurück. Als sich die Tür diesmal öffnete, schlief sie weiter und wollte sehen, *was* sie da so sehr ängstigte. Es war ein haariges Monster. Sie sah es sich genau an und kam zu dem Schluß, daß es ein freudloses Leben führte. So erhob sie sich von ihrem Bett und forderte es auf, mit ihr einen Walzer zu tanzen! Das haarige Monster nahm mit Freuden an, und damit löste sich der schlechte Traum ein für allemal auf.

Die Aufforderung zum Tanz erschien mir eine brillante Lösung, und ich war beeindruckt zu sehen, mit welchem Mut sich meine Klientin ihren persönlichen Traumerinnerungen stellte – obwohl sie meinte, das haarige Monster sei nicht gerade behende gewesen und habe ihr zu ihrem Leidwesen mehrmals auf die Füße getreten …

Das Grundthema des hier beschriebenen Traumes ist relativ häufig anzutreffen. In diesem besonderen Fall begegnete meiner Klientin der Bösewicht in Form eines haarigen Monsters; anderen Klienten tritt er als Hot-dog-Verkäufer, Ballonführer, irrer Killer oder Ku-Klux-Klan-Anhänger entgegen; der negative Aspekt des Selbst hat viele Gesichter.

8. Schritt:
Fassen Sie die Bedeutung Ihres Traumes kurz zusammen. Welchen Sinn hat er für Sie in Ihrem Alltag?

Um veränderte Traumvarianten erfolgreich und dauerhaft verankern zu können, ist es hilfreich, sich die Frage zu stellen: »Welchen Sinn hat dieser Traum heute für meinen Alltag?« Die bei der Auflösung eines Traumes freigesetzte Energie kann entsprechende Durchbrüche im wirklichen Leben nach sich ziehen: Vielleicht kommt es zu einer neuen erfüllenden Beziehung, oder Ihnen macht auf einmal die Arbeit viel mehr Spaß. Selbst eine unkomplizierte Schwangerschaft oder sogar das Ende einer belastenden Ehe können die Folge sein.

Auch in bezug auf meinen Traum von Joan und meiner Tochter April stellte ich mir eben diese Frage: »Was hat dies mit meinem realen Leben zu tun?« Und ich schrieb folgende Antwort nieder: »Ich befürchte, daß ich zuviel Zeit darauf verwende, Dinge zu tun, die zwar wichtig, aber zweitrangig sind, mir aber keine Zeit für das nehme, was zutiefst bedeutsam für mich ist. Ich habe Angst, daß ich durch dieses Verhaltensmuster das Schiff der Erfüllung verpassen werde.«

Zum Abschluß zeichnete ich noch einmal zwei Kreise in mein Traumtagebuch. Darin trug ich die gegensätzlichen Charakterzüge ein, die mir an den beiden Personen in meinem Traum aufgefallen waren. Es ergab sich folgendes Bild:

Joan: witzig, selbstlos, selbstverachtend, zwanghaft um ihr physisches Äußeres bemüht, ausgehungert nach Beziehungen

April: witzig, zielstrebig, voller Selbstachtung, erfolgreich, interessiert an ihrem physischen Äußeren, arbeitet an ihren Beziehungen

problematisch   *liebenswert*

Dieser Schritt ist in der Grundtechnik nicht vorgesehen. Ich fügte ihn hinzu, um besser zu verstehen, welche Teile von mir selbst durch den Traum angesprochen wurden. Anschließend wählte ich für die eine Gruppe von Eigenschaften den Oberbegriff »problematisch« und für den anderen »liebenswert«.

Meine Versuche, den Traum zu verändern, lösten in mir eine Reihe von weiteren Träumen aus, in denen ich verschiedene neue Wohnungen besichtigte. Als ich im Register unter »Wohnung« und »Haus« nachschlug, fand ich dort die Fragen: »Welche Anteile meines Selbst habe ich in Besitz genommen?« und »Was glaube oder befürchte ich in bezug auf mich selbst?«

Da Joan oft mit dabei war, während ich mich fragte, ob eine Wohnung oder ein Haus nun für meine Zwecke tauglich sei, kam ich zu dem Schluß, daß mir wohl irgend etwas von ihr fehle, das für mich auch jetzt noch wichtig war und an dem ich gerade aktiv arbeitete. Was mochte nur ihr größtes Problem sein? Sofort fiel mir die Antwort ein: Joan konnte sich selbst nicht lieben oder akzeptieren. Diese Selbsteinschätzung projizierte sie auf die Welt »da draußen«, was grauenhafte Auswirkungen auf ihre Beziehungen zu anderen hatte – darunter auch zu den Männern in ihrem Leben, zu ihrer Familie und zu Freunden wie mir.

Wenn ich in meinen Träumen neue Wohnräume in Begleitung eines sich selbst verurteilenden Aspekts meiner Persönlichkeit inspizierte, so schenkte ich damit einem Anteil von mir, den ich bislang ignoriert oder gar verleugnet hatte, Zeit und Aufmerksamkeit. Als ich dies begriff, verschwand Joan aus meinen Träumen. April hingegen begleitet mich weiterhin, und sie begegnet mir vor allem in solchen Träumen, in denen es um berufliche Entscheidungen geht.

Schließlich kehrte ich zum Thema der Schlüsselhandlungen zurück, die ich bei der Bearbeitung meines Traumtagebuchs zunächst aus Gründen der Einfachheit übersprungen hatte. Ich ging mit Joan zum »Schwimmen«, hatte aber gleichzeitig Angst davor, daß April ihr »Schiff verpassen« würde. Schwimmen hat etwas mit Freiheit und Freude an der Bewegung im Wasser zu tun – dem Reich des Unbewußten und der Emotionen.

Ein Schiff ermöglicht eine sichere und schnelle Überquerung des Wassers. Ich kam zu dem Schluß, daß es relativ einfach für mich war, mir die Zeit zu nehmen, freudvolle Erkundungszüge in mein Unbewußtes zu unternehmen. So macht es mir großen Spaß, mit meinen eigenen oder fremden Träumen zu arbeiten. Es ist eher ein Vergnügen als Arbeit für mich. Ich machte mir jedoch gleichzeitig Sorgen, ein konventionelles Verkehrsmittel »zu verpassen«. Einige meiner Versagensängste spiegeln sich wohl in meinem Widerwillen, auf herkömmliche Weise zu reisen. Ich brachte dies mit meiner Tochter April in Verbindung, die sich für eine konventionelle Erfolgsschiene entschieden hatte, als sie sich an der Universität einschrieb. Und so versicherte ich mir, daß ich zu jeder Zeit über Bord springen könne, um ein erfrischendes Bad im Meer der Träume zu nehmen!

Fallstudie: Traumdeutung anhand der Acht-Schritte-Methode

Um Ihnen noch einmal vor Augen zu führen, wie Sie Ihre eigenen Träume anhand der Acht-Schritte-Methode deuten können, möchte ich noch eine letzte Fallstudie vorstellen und den lebhaften und bedeutsamen Traum eines dreiundvierzigjährigen Geschäftsmannes analysieren, der an einem meiner Seminare über Interaktives Träumen in Honolulu teilnahm. Nach der erfolgreichen Bearbeitung des Traumes hatte er das Gefühl, für sich einen bedeutenden Durchbruch erzielt zu haben.

Lassen Sie mich zunächst seinen mündlichen Bericht wiedergeben, wie er ihn während des Seminars vortrug: »Ich gehe an der Hintertür meines Elternhauses vorbei, in dem ich aufgewachsen bin. Ich schaue aus dem Fenster, doch mein Blick fällt auf mein eigenes Spiegelbild. Ich stelle fest, daß ich nackt bin und eine enorme Erektion habe. Ich sehe an mir selbst herab und stelle fest, daß ich zwar eine Erektion habe, mein Penis aber bei weitem nicht so groß ist, wie er in meinem Spiegelbild zu sehen ist. Ich betrachte erneut das Fenster und denke, es muß wohl eine besondere Art von Glas sein, die meinen Penis so groß erscheinen läßt.«

Lassen Sie mich nun wiedergeben, was er bei der Bearbeitung des Traumes in sein Traumtagebuch eingetragen hat; es wurden lediglich einige kleinere sprachliche Veränderungen vorgenommen. Das Kreisdiagramm in seinem Tagebuch sah wie folgt aus:

1. *Notieren Sie die Bilder Ihres Traumes.*

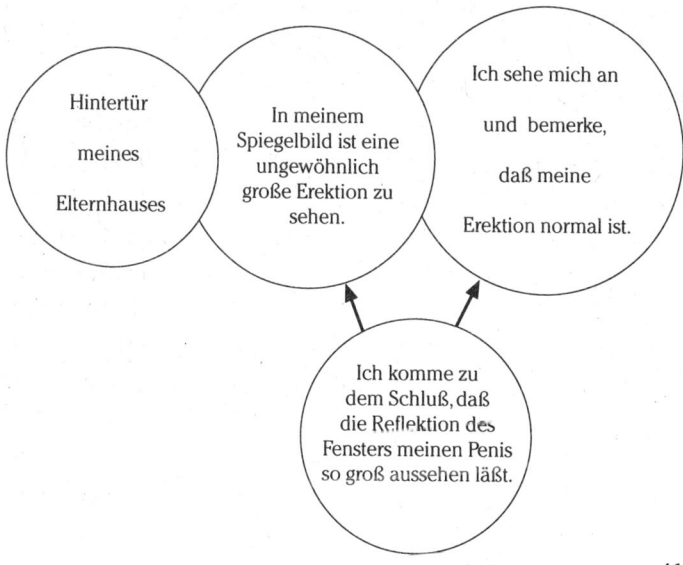

2. *Welches Wort oder welcher Satz trifft Ihr Gefühl in diesem Traum am besten?*

Ich betrachte mit Interesse die Wirkung meines Spiegelbildes im Fenster der Hintertür, das mich größer und beeindruckender aussehen läßt.

3. *Wann begegnet Ihnen dieses Gefühl im Wachzustand?*

Im realen Leben habe ich ein ähnliches Gefühl, wenn meine Umgebung in mir den erfolgreichen Geschäftsmann sieht.

4. *Welche Schlüsselhandlungen kommen in Ihrem Traum vor?*

Ich habe mich angeschaut und dabei besonderes Augenmerk auf die »Größe« meiner männlichen Attribute gelegt.

5. *Erstellen Sie eine Liste der Personen in Ihrem Traum. Für welche inneren Figuren stehen sie?*

Nur ich ... ich stelle mich selbst dar.

6. *Erstellen Sie eine Liste der wichtigsten Orte, Gegenstände, Farben und Ereignisse in Ihrem Traum.*

Mein Elternhaus = elterliche Verhaltensweisen, Einstellungen, Ängste und auch die Glaubenssätze, mit denen ich aufgewachsen bin und die ich unbewußt immer noch in mir trage.

Meine Erektion = schöpferische Kraft. Was will ich tun oder in Angriff nehmen? Ich will mit meinem Geschäft wirklich ganz »groß« rauskommen. Ich möchte mich selbst so erfolgreich erleben, wie mich meine Umwelt sieht.

Nackt = Wo in meinem Leben bin ich bereit, gesehen zu werden? Bin ich bereit, meinen Erfolg zu sehen?

Hintertür/Hinten = Unbewußtes, das »Hinterstübchen«; das, was ich nicht sehen kann. Ich bin zwar bewußt nicht mit meinen Eltern einverstanden, doch die Ängste und Glaubenssätze sind immer noch in meinem Unbewußten vorhanden. Die Hintertür ist ein Weg ins Freie und hat ein Fenster, durch das ich sehen kann, wohin sie führt. Ich sehe mich darin wie in einem Spiegel und frage mich: Was bin ich bereit zu sehen? Bin ich bereit, meinen Erfolg zu sehen? Das wäre ein Weg, um mich aus den Glaubenssätzen meiner Eltern in bezug auf Begrenzungen und Erfolg zu befreien.

7. *Würden Sie gern Veränderungen an Ihrem Traum vornehmen? Wenn ja, welche?*

Ich würde gern durch die Tür hindurchgehen und an der umfassenderen Sicht teilhaben, die die Welt da draußen von mir hat.

8. *Fassen Sie die Bedeutung Ihres Traumes kurz zusammen. Welchen Sinn hat er für Sie in Ihrem Alltag?*

In dem Traum geht es um Glaubenssätze, die mich einschränken, und zwar besonders um meine unbewußten Einstellungen zum Thema Erfolg. Solange ich an den Standpunkten meiner Eltern festhalte, werden meine Kräfte relativ bescheiden sein, selbst wenn das Spiegelbild von außen (das heißt von meiner Umwelt) sehr viel größer ist.

Ich hatte nicht das Gefühl, daß es sich hier um einen erotischen Traum handelt, wenngleich ich denke, daß das Gebot meiner Eltern, vorsichtig zu sein – sich also keine »Blöße« zu geben, kein Risiko einzugehen – auch für den Bereich der Sexualität gilt.

Solange ich in meinem Elternhaus (den begrenzten Vorstellungen, Zielen und Glaubenssätzen in bezug auf persönliche Macht und Stärke) verharre, werde ich nicht jene Kraft haben, die mir meine Umwelt bereits jetzt als zu mir gehörig spiegelt.

Der Mann hatte das Gefühl, mit Hilfe seines Traumes erfolgreich Gefühle »aufgedeckt« zu haben, die ihn daran gehindert hatten, *sich selbst* als beruflich erfolgreich zu *erleben,* obgleich er dies aus der Sicht der anderen bereits war.

Einige Wochen später berichtete er von einem weiteren Traum: »Während ich die notwendigen Vorbereitungen für eine Reise traf, die zu meinem Tod führen sollte, schaute ich mir verschiedene Schätze an, die ich bestimmten Angehörigen hinterlassen wollte.«

Bei der Bearbeitung dieses besonders intensiven Traumes kam er zu dem Schluß, daß jener Teil von ihm, der sich aufs Sterben vorbereitete, sein altes Selbst war, das noch die Ängste seiner Eltern in sich trug. Indem er den jüngeren Angehörigen die »Schätze« hinterließ, die er im Laufe der Zeit angesammelt hatte, hoffte er, eine großzügigere und zuversichtliche Anschauungsweise zu hinterlassen, als er selbst sie geerbt hatte. Nach der Bearbeitung dieses zweiten Traumes glaubte er, seine alten Ängste und Vorbehalte gegenüber dem Erfolg, die seine Familie womöglich seit Generationen belastet hatten, erfolgreich überwunden zu haben.

Wie uns dieses Beispiel zeigt, gibt uns die aktive Auseinandersetzung mit unseren Träumen das Gefühl, auch im Alltag Herr über die Dinge zu sein. Anstatt Opfer der Umstände zu sein, werden wir zum kreativen Mitspieler und erschaffen uns unsere innere und äußere Realität so, wie sie unseren tiefsten Wünschen und Vorstellungen entspricht.

TEIL II

Verzeichnis der wichtigsten Traumbilder

Hinweise

Alle in diesem Verzeichnis enthaltenen Einträge sind alpha-
betisch sortiert. Da es jedoch oftmals hilfreich ist, die Assoziationen zu verwandten Einträgen nachzulesen, habe ich
der besseren Übersichtlichkeit halber an manchen Stellen
eng verwandte Bilder noch einmal unter bestimmten Oberbegriffen zusammengefaßt. Diese Oberbegriffe sind:

> Elemente
>
> Fahrzeuge
>
> Farben
>
> Haus
>
> Haustiere
>
> Kleidung
>
> Körperteile
>
> Sexualität
>
> Tiere, wildlebende
>
> Wasser
>
> Zahlen

Alle unter diesen Oberbegriffen aufgeführten Begriffe werden außerdem noch einmal einzeln in der alphabetischen
Übersicht genannt.

Wenn in Ihrem Traum beispielsweise das Bild eines tröp-
felnden Wasserhahns vorkommt, schlagen Sie unter dem
Oberbegriff Wasser nach. Dort finden Sie das Stichwort

»tröpfeln« ebenso wie weitere Informationen zu den verschiedenen Bedeutungen von Wasser und Emotionen in Träumen. Diese zusätzlichen Assoziationen und Fragen können Ihnen oftmals helfen, Ihren jeweiligen Traum in einem größeren Zusammenhang zu deuten.

BILD	ASSOZIATIONEN	FRAGESTELLUNG
Aal	Arbeit an Verpflichtungen. Schlüpfrigkeit.	Was bringt meine Bewegungsfreiheit in Gefahr?
Abbruch	Arbeit an der Beseitigung von Altem.	Welcher Teil meines Lebens ist nicht mehr zweckmäßig?
Abgrund	Große Tiefe. Tiefgang. Unendlichkeit. Allumfassende Weite.	Was liegt tief in meinem Inneren? Welche Grenzen brauche ich?
Abkommen *siehe* Vereinbarung		
Abtreibung	Verlust des Neuen. Nicht nähren können.	Welchen Teil von mir halte ich für zu schwach zum Überleben?
Abwärts	Unbewußtes. Unter der Oberfläche.	Wessen möchte ich mir bewußt werden? Was liegt meinen Glaubenssätzen zugrunde?
Abwasserrohr	Ansammlung von Negativität. Loslassen.	Welchen Unrat bin ich zu beseitigen bereit?
Acht *siehe auch* Zahlen	Ewigkeit. Fülle. Macht. Kosmisches Bewußtsein.	Was bin ich zu empfangen bereit?

BILD	ASSOZIATIONEN	FRAGESTELLUNG
Achterbahn	Höhen und Tiefen. Nervenkitzel. Wilde, aber sichere Fahrt.	Nach welcher Abwechslung hungere ich?
Adler	Weitsicht, Überblick und Kraft.	Was muß ich verstehen, um meine Kraft leben zu können?
Adoptieren *siehe auch* Findelkind; Waise	Arbeit an einem kreativen Schaffensprozeß.	Was wird entgegen aller Widerstände in mir geboren?
Aerobics *siehe* sportliche Betätigung		
Affäre *siehe auch* Sexualität	Hingabe. Leidenschaft.	Welchen Impulsen möchte ich nachgeben?
Affe *siehe auch* Tiere, wildlebende	Geschicklichkeit. Boshaftigkeit. Humor.	Welcher Teil von mir ist fast menschlich?
Afroamerikaner(in) oder afroamerikanisch	Freiheit von Unterdrückung.	Auf welche Weise bin ich bereit, mehr aus mir herauszugehen und mich kreativer auszudrücken?
After *siehe auch* Körperteile	Ausscheidung.	Was will ich loswerden?

BILD	ASSOZIATIONEN	FRAGESTELLUNG
Ahne	Vererbte Wesenszüge.	Welche Eigenschaften möchte ich bewahren oder von welchen möchte ich mich befreien?
AIDS *siehe auch* Seuche	Hoffnungslosigkeit. Selbstverleugnung oder Schuld. Abhängigkeit.	Bin ich bereit aufzuhören, mich selbst und andere zu verurteilen?
Akte	Aufzeichnungen. Organisation.	Was möchte ich in Ordnung halten?
Aktentasche	Einstellungen und Glaubenssätze zum Thema Arbeit und Geschäftsleben. Berufliche Identität.	Erfüllt mich meine Arbeit oder schränkt sie mich ein?
Alkohol	Entspannung. Sich gehenlassen. Befreiung von Verantwortung.	Was möchte ich loslassen?
Alligator *siehe auch* Tiere, wildlebende	Urangst.	Welche elementaren Ängste habe ich?
Alt	Reife. Degeneration.	Was ist für mich vollendet? Was bin ich zu ersetzen bereit?

BILD	ASSOZIATIONEN	FRAGESTELLUNG
Altar	Heiligkeit. Opfer.	Was verehre ich? Möchte ich etwas aufgeben?
Alter *siehe* alt; jung		
Ameise	Soziale Organisation. Ordnung. Fleiß.	Wie muß ich mit anderen zusammenarbeiten, um meine Ziele zu erreichen?
Amerika oder amerikanisch	Kraft. Einfallsreichtum. Die Neue Welt. Unschuld oder Naivität. Patriotismus.	Was erforsche ich? Welche neuen Welten liegen in mir?
Amorfigur	Göttliche Unschuld. Engelhaftes Kind.	Wo wird mein Geist neu geboren?
Amputation	Zerstückelung.	Was muß ich auseinanderreißen, um selbst ganz sein zu können?
Analverkehr *siehe auch* Sexualität	Unterwerfung. Vereinigung ohne Gemeinsamkeit.	Wen oder was begehre ich; vor wem habe ich Angst nachzugeben?
Anfälle	Extreme innere Aufruhr. Krampfartige Bewegungen.	Wo in meinem Leben fürchte ich mich vor oder strebe ich nach Kontrolle?

BILD	ASSOZIATIONEN	FRAGESTELLUNG
Angeln *siehe auch* Fisch	Suche nach Nahrung im Untergrund oder im Inneren.	Was hoffe ich zu fangen?
Angst	Unausgedrückte Liebe. Selbstzweifel.	Was bin ich in mir und anderen zu akzeptieren bereit?
Anhalter	Freiheit. Verantwortungslosigkeit.	Welcher Teil von mir möchte zum Nulltarif mitfahren?
Anhänger *siehe auch* Fahrzeuge	Nachzügler. Behinderung.	Welche zusätzliche Bürde habe ich mir aufgelastet?
Anker	Sicherheit. Stabilität.	Woran in meinem Leben möchte ich festhalten?
Anmut	Segen. Hingerissen sein.	Was in mir ist transzendent?
Anstellung *siehe auch* Beruf	Beschäftigung. Erfüllung.	Was bin ich zu tun bereit?
Antiquität	Alter. Überlebenswert.	Welcher Teil von mir gewinnt mit dem Alter an Schönheit?
Anzug *siehe auch* Kleidung	Formalität. Berufliche Identität.	Für welche Stärke oder Fähigkeit möchte ich anerkannt werden?

BILD	ASSOZIATIONEN	FRAGESTELLUNG
Applaus	Wiedererkennen. Zuspruch.	Inwieweit bin ich bereit, mich selbst anzuerkennen, oder wo suche ich nach Anerkennung?
Aquarium	Mikrokosmos der Emotionen.	Welche Gefühle bin ich zu zeigen oder mir anzusehen bereit?
Äquator	Übergangsritual. Bewegung von einer Aktionssphäre in eine andere.	Auf welche Weise finde ich zu mehr Ganzheitlichkeit?
Arbeiten *siehe* Anstellung; Beruf		
Archäologie	Wiederentdeckung der Vergangenheit.	Welches alte Wissen möchte ich wiederentdecken?
Architekt	Arbeit am Aufbau eines neuen Selbst oder einer neuen Identität.	Was plane ich?
Arktisch *siehe auch* Eis; gefroren; Norden; Schnee	Reinheit. Isolation. Zu Eis erstarrte Gefühle.	Was ist in mir zu Eis erstarrt oder im Begriff zu schmelzen?

BILD	ASSOZIATIONEN	FRAGESTELLUNG
Arm *siehe auch* Körperteile	Stärke. Bereit sein.	Wofür bin ich bereit, oder worauf bereite ich mich vor? Was bin ich zu geben oder zu empfangen bereit?
Armband *siehe auch* Schmuck	Bindung. Verpflichtung.	Was möchte ich zeigen?
Armbanduhr *siehe auch* Uhr; Zeit	Beschränkung. Einteilung.	An welcher Stelle meines Lebens würde ich es mir gern leichtmachen?
Armut	Beschränkter Ausdruck der eigenen Ressourcen.	Was bin ich zu entfalten bereit?
Arsch *siehe* Haustiere: Esel, Maulesel; Hintern		
Arzt	Arbeit an der Heilung.	Welcher Teil von mir ist bereit, heil zu werden?
Asche	Überreste.	Was ist für mich vorbei? Wessen will ich mich entledigen?
Asiatisch oder Asien	Weisheit. Subtilität. Unergründlichkeit.	Wo liegt meine Weisheit? Was behalte ich für mich?

BILD	ASSOZIATIONEN	FRAGESTELLUNG
Äste	Wachstumsstufen.	In welcher Richtung wachse ich?
Asthma	Verlust der emotionalen Geborgenheit.	Welchem Teil von mir will ich künftig mehr Zuwendung geben?
Astrologie *siehe* Tierkreis		
Athlet	Arbeit an der physischen Energie. Stärke. Geschicklichkeit. Ehre.	Welche Fähigkeiten möchte ich entwikkeln, oder für welche Fähigkeiten möchte ich anerkannt werden?
Atombombe	Zerstörung in großem Maßstab.	Was bin ich zu beenden bereit? Wessen Ende befürchte ich?
Auffahrt	Zugang zu Kraft und Bewegung.	Wie leicht habe ich Zugang zu meiner Kraft?
Aufstand *siehe auch* Mob	Verlust der Individualität. Destruktiver Konformismus.	Wo in meinem Leben bin ich bereit, allein meinen Standpunkt zu wahren?
Auftritt	Leistung. Errungenschaft.	Wo in meinem Leben suche ich nach Anerkennung?

BILD	ASSOZIATIONEN	FRAGESTELLUNG
Aufzug	Aufstieg. Umfassenderes Verständnis.	Was tue ich, um nach oben zu kommen?
Auge *siehe auch* Körperteile	Sehvermögen. Vision. Bewußtsein. Klarheit.	Wessen bin ich mir bewußt? Wie sehe ich die Welt?
Augenwimpern *siehe auch* Körperteile	Schutz des Augenlichts. Verführerische Reize.	Wie deutlich sehe ich? Was kann ich von einer sicheren Warte aus beobachten? Wie zeige ich mich der Welt?
Ausgestorben	Nicht mehr existent.	Welcher Teil von mir ist ausgelöscht worden?
Ausland oder ausländisch *siehe auch* Länder	Weit entfernt. Fremdartig. Exotisch.	Was langweilt mich an meinem Leben?
Ausländer	Vordringen des Selbst in unbekannte Reiche.	Was bin ich in mir zu erkunden bereit?
Außerirdischer *siehe auch* UFO	Distanziert, fremdartig oder unbekannt. Nicht menschlich.	Welcher Teil von mir ist sonderbar oder unkonventionell?
Ausstattung	Ideen. Einstellungen. Glaubenssätze.	Was ist mir etwas wert? Was nützt mir?

BILD	ASSOZIATIONEN	FRAGESTELLUNG
Auster *siehe auch* Nahrung	Harte Schale, weicher Kern. Erotisierende Wirkung.	Wonach hungere ich?
Ausverkauf	Preisgünstigkeit. Gelegenheit.	Wonach suche ich und fürchte, es mir nicht leisten zu können?
Ausziehen, sich	Entblößung des wahren oder inneren Selbst.	Wer bin ich, wenn ich alle Hüllen abgelegt habe?
Auto *siehe auch* Fahrzeuge	Persönliche Macht. Ego.	Werde ich ankommen? Wer bin ich?
Autobahn	Reisen. Weg in die Freiheit. Bewegung.	Wo in meinem Leben habe ich Bewegungsfreiheit?
Autostopp	Arbeit am Fortkommen. Fortschritt.	Wohin möchte ich gehen? Reichen meine Kräfte, um es zu schaffen?
Autotelefon *siehe* Auto; Mobiltelefon; Telefon		
Axt	Brutale Verstümmelung.	Was bin ich bereit abzuhacken?

BILD	ASSOZIATIONEN	FRAGESTELLUNG
Baby *siehe auch* Baby, schwächliches	Kindliches Selbst. Wiedergeburt. Ver- trauen.	Was wird in mir gebo- ren oder wiedergebo- ren? Worauf vertraue ich?
Baby, schwächliches *siehe auch* Baby	Schwaches Vertrau- en. Bedrohung der Unschuld.	Was an meinen Ein- stellungen oder Glau- bensgrundsätzen ist schwach?
Babysitter	Arbeit mit dem inne- ren Kind.	Inwieweit bereite ich mich darauf vor, mich um das Kind in mir zu kümmern?
Bach *siehe auch* Wasser	Der Fluß der Gefüh- le.	Welche Gefühle dür- fen ungehindert in mir fließen?
Bad oder Baden	Reinigung. Loslas- sen.	Was möchte ich von mir abwaschen?
Badeanzug *siehe auch* Biki- ni; Kleidung; Schwimmen; Wasser	Unbedeckt. Vertrau- en.	Welche Gefühle bin ich zu offenbaren be- reit?
Badezimmer *siehe auch* Haus	Ort der Reinigung und des Loslassens.	Was bin ich loszulas- sen bereit?
Balken *siehe auch* Haus	Sichere Stütze.	Was unterstützt mein höheres Bewußtsein?

BILD	ASSOZIATIONEN	FRAGESTELLUNG
Balkon	Aussicht. Sehen oder gesehen werden.	Was möchte ich von einer sicheren Warte aus beobachten? Wie möchte ich mich der Welt präsentieren?
Ball	Integration. Ganzheit.	Welche Teile meines Seins vereine ich?
Ballett *siehe auch* Tanz	Disziplinierte Anmut. Kultur.	Wo in meinem Leben nimmt meine Kraft Formen an? Wie möchte ich diese zum Ausdruck bringen?
Ballon	Leichtigkeit. Freude.	Was hebt meine Stimmung?
Ballspiel *siehe auch* Sport	Integration des individuellen und kollektiven Bewußtseins. Gesunde Konkurrenz.	Woran möchte ich teilhaben? In welche Gruppe füge ich mich ein?
Bambus	Vielseitigkeit. Hochschießendes Wachstum. Stärke. Flexibilität.	Wo in meinem Leben bin ich zu gedeihen bereit? Welche Grenzen habe ich überschritten?
Banditen	Häßliche Form von Kraft. Mißbrauch von Energie.	Wo in meinem Leben bin ich bereit, zu integerem Handeln zu finden? Inwiefern ist Kraft bedrohlich für mich?

BILD	ASSOZIATIONEN	FRAGESTELLUNG
Bank	Bewahrung von Ressourcen.	Was möchte ich in Sicherheit bringen oder sicher aufbewahren?
Bankett	Formelle Feier. Anerkennung.	Welche Anerkennung brauche ich, um mich genährt zu fühlen?
Bär *siehe auch* Tiere, wildlebende	Besitzergreifende Liebe.	Inwiefern ist Liebe für mich bedrohlich?
Bar *siehe auch* Kneipe	Entspannung. Sich gehenlassen. Unverantwortlichkeit. Vergnügen.	Wo in meinem Leben fühle ich mich überlastet oder gestreßt?
Bart	Autorität. Macht. Weisheit.	Wie bringe ich meine Macht zum Ausdruck? Wie zeige ich meine Autorität?
Baseball *siehe* Ballspiel; Sport		
Basketball *siehe* Ballspiel; Sport		
Bauarbeiten	Arbeit an der Struktur des Selbst.	Wo in meinem Leben bin ich bereit, etwas Neues zu errichten?

BILD	ASSOZIATIONEN	FRAGESTELLUNG
Bauer	Arbeit an der Beziehung zur Natur.	Was nähre ich in mir?
Bauernhof	Domestizierung der Natur. Ernährung.	Womit will ich mich und andere versorgen?
Baum *siehe auch* Holz	Natürlicher Prozeß. Lebensstruktur.	An welcher Stelle meines Lebens bin ich zu wachsen bereit?
Beerdigung *siehe auch* Beisetzung; Tod	Rückkehr zur Erde.	Was bin ich bereit beiseite zu legen?
Begierde *siehe* Lust		
Behinderter *siehe auch* Krüppel	Einschränkung. Benachteiligung.	Welcher Teil von mir ist bereit, ganz zu werden?
Beige *siehe auch* Farben	Neutralität. Losgelöstheit. Fehlen von Kommunikation. Status.	Was bin ich bereit, ernster zu nehmen oder nicht mehr so ernst zu nehmen?
Bein *siehe auch* Körperteile	Unterstützung. Bewegung.	Was unterstützt mich? Komme ich irgendwohin?
Beisetzung	Das Ende oder der Tod von etwas.	Welcher Teil von mir ist zu gehen bereit?

BILD	ASSOZIATIONEN	FRAGESTELLUNG
Berater *siehe* Rechtsanwalt oder Therapeut		
Berauschtheit *siehe* Betrunkener		
Berg	Streben. Erfolg durch Anstrengung.	Was bin ich zu erreichen bereit?
Beruf *siehe auch* Anstellung	Arbeit an der Vollendung.	Wo in meinem Leben bin ich frustriert oder zufrieden?
Berühmtheit	Anerkennung. Ruhm. Gelegentlich berüchtigt.	Welcher Teil von mir strebt nach Anerkennung? Habe ich Angst vor Anerkennung?
Beschädigung	Verletzung. Verlust.	Was bin ich wiederherzustellen oder zu ersetzen bereit?
Bestialität *siehe auch* Sexualität	Vereinigung mit animalen Leidenschaften oder Instinkten.	Welche grundlegenden Aspekte von mir selbst fürchte oder verleugne ich?
Beten	Kommunion. Suche nach Hilfe.	Wo in meinem Leben bin ich bereit nachzugeben?

BILD	ASSOZIATIONEN	FRAGESTELLUNG
Betrunkener	Völlige Gefühllosigkeit.	Wo in meinem Leben befürchte ich, die Kontrolle zu verlieren, oder würde ich gern die Kontrolle verlieren?
Bett	Schlaf. Ruhe. Rückzug von allen Aktivitäten. Fundament.	Wovon möchte ich mich zurückziehen? Wovor will ich Ruhe haben?
BH *siehe auch* Brust, weibliche; Kleidung	Intimes weibliches Selbst.	Wie bringe ich meine Weiblichkeit zum Ausdruck?
Bibliothek	Wissen. Aufzeichnungen. Nachforschungen. Die Vergangenheit.	Was hat mir die Vergangenheit zu sagen?
Biene	Aktivität. Produktivität. Soziales Leben.	Was in meinem Leben läßt mich »summen« vor Vergnügen?
Bier *siehe auch* Alkohol; Betrunkener	Bierseligkeit. Erfrischung.	Was muß ich lockerer sehen?
Bikini *siehe auch* Badeanzug; Kleidung	Entblößung. Zur Schau stellen. Offenbaren.	Was bin ich zu offenbaren bereit?

BILD	ASSOZIATIONEN	FRAGESTELLUNG
Bild *siehe* Foto; malen		
Blau *siehe auch* Farben	Harmonie. Spirituali- tät. Innerer Frieden. Ergebenheit.	Welches ist die Quel- le meines inneren Friedens?
Blaustrumpf	Unscheinbar, aber klug. Ohne jeden Charme.	Wo in meinem Leben bin ich bereit, ebenso attraktiv zu sein, wie ich klug bin?
Blind	Nicht sehend. Unbe- wußt.	Was bin ich zu sehen oder zu verstehen be- reit?
Blitz	Blitzartige Erleuch- tung. Plötzliche Vi- sion.	Was erwacht in mir?
Blitzer	Enttäuschte Sexuali- tät. Exhibitionismus.	Auf welche Weise ver- wehre ich mir meine sexuellen Bedürfnisse oder Triebe?
Blockhaus *siehe* Landhaus		
Blond *siehe auch* brü- nett; rothaarig	Auffällig. Künstlich. Frivol.	Welcher Teil von mir will das Leben mehr genießen?

BILD	ASSOZIATIONEN	FRAGESTELLUNG
Blume	Schönheit. Sexualität. Blühen.	Was bringt meine Schönheit und Sexualität zum Erblühen?
Blumenkranz *siehe auch* Korsage	Zeichen der Ehre oder der Zuneigung.	Was möchte ich in mir selbst anerkennen?
Bluse *siehe auch* Kleidung	Höheres Selbst. Emotionen.	Welche Gefühle halte ich für angemessen?
Blut	Essenz. Lebensenergie. Lebensbedrohung.	Wo in meinem Leben lasse ich meine Vitalität zur Ader?
Blüte *siehe* Blume		
Bombe	Explosive Energie.	Was steht kurz vor der Explosion?
Boot *siehe auch* Fahrzeuge	Fahrt über die Tiefen der Gefühle.	In welchen emotionalen Tiefen kann ich sicher navigieren?
Boxen	Stärke. Kraft. Durchhaltevermögen.	Wo in meinem Leben möchte ich stark sein und mich behaupten?
Boxer	Arbeit an der Kraft oder Konfrontation.	Welche Regeln muß ich einhalten, um meine Kraft angemessen zum Ausdruck bringen zu können?

BILD	ASSOZIATIONEN	FRAGESTELLUNG
Boxershorts *siehe auch* Kleidung	Intimes Selbst. Sexuelle Identität.	Was fühle ich insgeheim? Was bin ich zu offenbaren bereit?
Brandstifter *siehe auch* Feuer	Destruktive Wut. Reinigender Zorn.	Was muß ich verbrennen, um mich selbst zu befreien?
Bratpfanne *siehe auch* Pfanne	Kochgerät oder Waffe. Grundausstattung.	Was trage ich bei? Auf welche Weise kehre ich zu den einfachen Dingen des Lebens zurück?
Braun *siehe auch* Farben	Materielle Welt. Sicherheit.	Was in meinem Leben bedarf der Organisation?
Braut	Weibliche Empfänglichkeit.	Was bin ich zu empfangen bereit?
Bräutigam	Männliche Aktivität und Energie.	Welche Bindung bin ich einzugehen bereit?
Bremse *siehe auch* Fahrzeuge	Kontrolle oder Verringerung der Geschwindigkeit.	Wo in meinem Leben bin ich bereit, mich sicherer im Umgang mit meiner Kraft zu fühlen?
Brennen	Verzehrende Energie. In Feuer und Flammen aufgehen.	Wo ist meine Leidenschaft am stärksten?

BILD	ASSOZIATIONEN	FRAGESTELLUNG
Briefmarke	Mühelose Kommunikation.	Was bin ich zu sagen oder zu hören bereit?
Brieftasche *siehe auch* Kleidung	Männliche Sicherheit. Ressourcen. Identität.	Welche meiner Einstellungen zum Thema Sicherheit bin ich zu ändern bereit?
Brille	Sehkraft. Einstellung. Glaubenshaltung.	Welche Korrektur muß ich vornehmen, um klar zu sehen?
Brot *siehe auch* Nahrung	Nahrung. Geteilte Ressourcen. Vereinigung.	Welches Miteinander nährt mich?
Brücke	Verbindung. Überwindung von Problemen.	Welche Kluft bin ich zu überqueren bereit?
Bruder	Männlicher Aspekt des Selbst. Kameradschaft.	Was bewundere oder fürchte ich an mir selbst?
Brühe, stinkende *siehe* Schleim		
Brünett *siehe auch* blond; rothaarig	Leidenschaftlich. Natürlich. Praktisch.	Wo in meinem Leben möchte ich handfest und realistisch sein?
Brunnen *siehe auch* Wasser	Quelle. Geteilte Ressourcen.	Welche Gefühle bin ich zu teilen bereit?

BILD	ASSOZIATIONEN	FRAGESTELLUNG
Brust, Brustkorb *siehe auch* Körperteile: Herz, Lunge	Lebensfülle. Großzügigkeit.	Welche Erfahrung möchte ich voll und ganz auskosten?
Brust, weibliche *siehe auch* Körperteile	Nähren. Weibliche Sexualität. Mütterliche Liebe.	Was nähre ich? Welcher Teil von mir will geliebt werden?
Buch	Information. Führung. Buchführung.	Was versuche ich herauszufinden? Wo sehe ich nach?
Buchhandlung	Aktuelle Information. Verfügbares Wissen.	Nach welchen Informationen suche ich?
Bucht *siehe auch* Hafen; Wasser	Schutz. Umgrenzung.	Wo komme ich zur Ruhe?
Bühne	Show. Errungenschaft.	Welche Anerkennung wünsche ich mir oder fürchte ich? Was bin ich der Welt zu zeigen bereit?
Bulldozer	Elementare Veränderungen.	Auf welche grundlegenden Veränderungen bereite ich mich vor?

BILD	ASSOZIATIONEN	FRAGESTELLUNG
Burg *siehe auch* Haus	Befestigtes, doch edelmütiges Selbst.	Welche Wände bin ich bereit einzureißen?
Bürgersteig	Seitenpfad des Lebens.	An welchen Stellen weiche ich der Hauptrichtung meines Lebens aus? Wo in meinem Leben will ich mir Zeit lassen?
Büro	Arbeitsplatz. Beruflicher Aspekt des Selbst.	Woran oder womit arbeite ich?
Bus *siehe auch* Fahrzeuge	Gemeinsame Reise. Massenverkehr.	Welches Verhältnis besteht zwischen meiner persönlichen Macht und dem Massenbewußtsein?
Bussard *siehe* Geier		
Butter	Reichhaltigkeit. Geschmack.	Nach welcher Belohnung hungere ich?

BILD	ASSOZIATIONEN	FRAGESTELLUNG
Cabrio *siehe auch* Fahrzeuge	Demonstration von Macht. Parade.	Welche Macht bin ich zu zeigen bereit?
Camping *siehe auch* Rucksack- reisen	Natürliches Leben. Rückbesinnung auf die einfachen Dinge des Lebens.	Habe ich meine Grundbedürfnisse ver- leugnet? Bin ich gut geerdet?
Cape *siehe auch* Kleidung	Dramatisches Schutz- gebaren. Phantasie.	Welche Rolle spiele ich?
Channeling	Medialität. Kommu- nikation mit höhe- ren Sphären.	Welcher Teil meines höheren Selbst ist zu sprechen bereit?
Chef	Macht. Führung. Kontrolle.	Wo in meinem Leben bin ich bereit oder zö- gere ich, Verantwor- tung zu übernehmen?
Chiropraktiker	Arbeit an der Struk- tur oder der Stütze.	Welcher Teil von mir möchte stark sein?
Christus *siehe auch* Jesus	Höheres Bewußt- sein. Erlösung.	Welcher Teil von mir ist göttlich? Wie erle- be ich meine eigene Göttlichkeit?
Clown	Lachen macht ge- sund. Oftmals bitter- süße Freude.	Muß ich leiden, um fröhlich zu sein?

71

BILD	ASSOZIATIONEN	FRAGESTELLUNG
Club	Sich zusammentun. Kameradschaft.	Wozu möchte ich gehören?
Computer	Mühelose Kommunikation. Hightech.	Welcher Kommunikationsbereich erschließt sich mir?
Cowboy	Abenteuer. Romantik. Unabhängigkeit.	Welcher Teil von mir möchte frei und ungebunden sein?
Crack *siehe auch* Drogen	Möglichkeiten.	Welche Gelegenheit bin ich zu ergreifen bereit?

BILD	ASSOZIATIONEN	FRAGESTELLUNG
Dach *siehe auch* Haus	Das Höhere. Schutz. Bedeckung.	Wo in meinem Leben bin ich bereit, meine Grenzen zu erweitern?
Dachboden *siehe auch* Haus	Höheres Bewußtsein. Erinnerung. Gespeicherte Vergangenheit.	Was gibt es »da oben«, das ich in Besitz nehmen möchte oder das zu erkunden ich mich fürchte?
Damenslip *siehe auch* Kleidung	Intimes Selbst. Sexuelle Identität.	Was fühle ich insgeheim? Was bin ich zu offenbaren bereit?
Dämmerung	Anfang. Verstehen.	Was beginnt?
Dämon *siehe auch* Monster; Teufel	Bild des Selbstzweifels oder der Verleugnung.	Was steht zwischen mir und meinem höheren Bewußtsein?
Dampf	Kraft. Manchmal auch Wut.	Was brodelt in mir?
Darm *siehe auch* Körperteile	Stärke. Durchhaltevermögen.	Aus welcher Quelle beziehe ich meine Stärke?
Decke	Annehmlichkeit. Geborgenheit. Wärme.	Vor welcher Unannehmlichkeit oder Angst will ich mich schützen?

BILD	ASSOZIATIONEN	FRAGESTELLUNG
Defäkation *siehe auch* Badezimmer	Ausscheidung. Sich von etwas trennen, vor allem vom Müll der Vergangenheit.	Wovon bin ich mich zu trennen bereit?
Delphin *siehe auch* Tiere, wildlebende	Natürliche Intelligenz. Transzendente Weisheit. Mitgefühl. Spielerische Leichtigkeit.	Welcher Teil von mir ist von göttlicher Weisheit und spielerischer Leichtigkeit geprägt?
Denkmal	Arbeit an der Würdigkeit oder Anerkennung.	Was schätze ich an mir selbst? Wie möchte ich in Erinnerung bleiben?
Depression	Unterdrückte Emotionen. Mangel an Alternativen.	Vor welchen Gefühlen habe ich Angst?
Designer	Organisation. Form.	Welche neuen Pläne bin ich zu machen bereit?
Diamant *siehe auch* Edelstein	Reinheit. Klarheit. Schatz von bleibendem Wert.	Was ist mir wertvoll?
Diät	Selbstdisziplin oder -bestrafung. Selbstauferlegte Zurückhaltung.	Was muß ich aufgeben oder kontrollieren, um gesund zu sein?

BILD	ASSOZIATIONEN	FRAGESTELLUNG
Diebstahl	Mangel. Notwendigkeit. Urteil.	Was fürchte ich, nicht haben zu können oder nicht verdient zu haben? Was habe ich Angst zu verlieren?
Diele *siehe auch* Haus	Eingang. Privatsphäre.	Wie gut stehen die einzelnen Teile meiner selbst miteinander in Einklang?
Diktator	Kontrolle. Unterdrückung.	Auf welche Weise kann ich in meinen Entscheidungen flexibler sein?
Dinosaurier *siehe auch* Tiere, wildlebende	Phantasie. Die Macht der Größe.	Welcher Teil von mir möchte größer sein?
Disco *siehe* Nachtclub; Tanz		
Diskette	Speichern von Wissen. Gefäß.	Welche Information will ich sicher aufbewahren?
Distanziertheit *siehe* Gefühllosigkeit		

BILD	ASSOZIATIONEN	FRAGESTELLUNG
Dorn *siehe auch* Splitter	Stachel des Bewußtseins.	Was weckt mich auf?
Drache *siehe auch* Tiere, wildlebende	Beherrschung der Elemente. Überfluß. Verbindung von Materie und Geist.	Auf welche Weise bin ich bereit, die physischen und spirituellen Aspekte meiner Persönlichkeit in Einklang zu bringen.
Drei *siehe auch* Zahlen	Dreifaltigkeit. Ausgewogenheit der Gegensätze. Geselligkeit.	Wie integriere ich die Gegensätze in mir?
Dreieck *siehe auch* drei	Dynamische Kraft. Integration von Gegensätzen.	Wo in meinem Leben entwickele ich Kräfte durch die Integration von inneren Gegensätzen?
Dreirad *siehe auch* Fahrzeuge	Unreife Kraft. Spielerische Bewegung.	Bin ich reif genug, um mein Ziel zu erreichen? Macht mir das Unterwegssein Spaß?
Dreiunddreißig *siehe auch* Zahlen	Erlösung und Versuchung.	Wo in meinem Leben war ich erfolgreich oder bin ich gescheitert?
Drogen	Heilend oder bewußtlos machend.	Was möchte ich dämpfen oder intensivieren?

BILD	ASSOZIATIONEN	FRAGESTELLUNG
Duft *siehe* Geruch		
Düne	Zeitlosigkeit. Verän- derlichkeit. Im Fluß sein.	Wo in meinem Leben bin ich in einem unab- lässigen Verände- rungsprozeß begrif- fen?
Dunkelheit	Geheimnis. Das Un- bekannte und Unge- staltete. Ein Ort der Furcht oder der Mög- lichkeiten.	Wonach suche ich? Was versucht, Gestalt anzunehmen?
Dunst *siehe auch* Wasser	Zartes Ausbreiten von Gefühlen. Kühl und angenehm.	Welches emotionale Feld umgibt mich?
Durchfall	Loslassen.	Was muß ich gehen lassen?
Dusche	Reinigung. Fortspü- len.	Wovon will ich mich reinwaschen?
Dynamit	Explosive Kraft. Plötzliche Verände- rung.	Was ist kurz davor, in die Luft zu fliegen?

BILD	ASSOZIATIONEN	FRAGESTELLUNG
Echse *siehe auch* Tiere, wild- lebende	Kaltblütig. Reptil.	Wo in meinem Leben bin ich bereit, mehr Wärme zu zeigen?
Ecke	Ausweglos. Verbor- gen. Unvermeidlich.	Wohin führen mich meine Entscheidun- gen?
Edelstein	Schatz. Essenz. Wert- voll.	Was ist wertvoll? Was halte ich in mir selbst für wertvoll?
Ehebruch *siehe* Verkehr, außerehelicher; Sexualität		
Ehefrau	Yin-Aspekt des Selbst. Partner.	Womit habe ich mich verbunden?
Ehemann	Yang-Aspekt des Selbst. Partner.	Wem bin ich ver- pflichtet?
Ei	Potential. Geburt. Hoffnungen. Ganz- heit.	Was möchte ich zur Entfaltung bringen?
Eichel *siehe* Samenkörner		
Eichhörnchen *siehe auch* Tiere, wild- lebende	Horten. Im Laufrad rennen.	Wo in meinem Leben bin ich bereit, mich si- cherer zu fühlen?

BILD	ASSOZIATIONEN	FRAGESTELLUNG
Eifersucht	Arbeit an der Angst vor Nähe.	Wo in meinem Leben bin ich bereit, meine Verletzlichkeit zu zeigen?
Eimer	Gefäß.	Mit welchen Gefühlen kann ich problemlos umgehen?
Eingangshalle	Öffentlicher Bereich.	Was will ich bekanntmachen?
Eingeborene(r)	Intuitives Selbst. Harmonie mit der Natur. Ursprüngliches Sein.	Wo in meinem Leben will ich im Einklang mit der Natur sein?
Eingeweide *siehe* Darm		
Einhorn	Reinheit. Magisches Bewußtsein. Vereinigung von göttlicher und animalischer Natur.	Wo in meinem Leben bin ich bereit, meine animalische Natur mit meiner spirituellen Essenz in Einklang zu bringen?
Einkaufen	Finden, was man will. Wahlmöglichkeiten.	Was bin ich bereit, mit nach Hause zu nehmen?
Eins *siehe auch* Zahlen	Anfang. Einheit. Essenz. Wille des einzelnen.	Wer bin ich?

BILD	ASSOZIATIONEN	FRAGESTELLUNG
Eintrittskarte	Gewährt Zutritt.	Welche neue Erfahrung oder welches neue Ziel strebe ich an?
Eis *siehe auch* Wasser	Ein starrer Gefühlszustand. Zu Eis geworden.	Welche Gefühle sind in mir eingeschlossen, oder wo bin ich aufzutauen bereit?
Eisen	Starrheit. Standhaftigkeit. Beständigkeit.	Wo in meinem Leben muß ich meinen Platz behaupten?
Eisenbahn *siehe* Zug		
Eislaufen *siehe auch* Eis	Schnelles Fortkommen mit großer Leichtigkeit. Anmut.	Worüber bin ich mühelos hinwegzugleiten bereit?
Eispickel	Kalte Gefühle.	Welche Gefühle sind in mir zu Eis erstarrt?
Eklipse	Verdunkelung des Lichts.	Welche Ängste bin ich anzusehen bereit?
Elefant *siehe auch* Tiere, wildlebende	Weisheit. Gedächtnis. Die Macht der Beharrlichkeit.	Wo liegt meine eigene Weisheit?
Elektriker	Arbeit an der Energie oder Lebenskraft.	Welcher Teil von mir muß neu aufgeladen werden?

BILD	ASSOZIATIONEN	FRAGESTELLUNG
Elektrizität *siehe* Elektriker		
Elemente *siehe* einzelne Stichworte		
· Erde	Materie. Durch die Natur geerdet sein.	Wie bin ich mit der physischen Welt verbunden?
· Feuer	Geist. Energie. Rein und reinigend.	In welchen Bereichen meines Lebens suche ich nach Inspiration oder Erneuerung?
· Luft	Atem. Intelligenz. Verstandeskraft.	Welcher Bereich meines Lebens bedarf der Stimulation?
· Wasser	Emotionen. Auflösung. Nachgiebigkeit. Loslassen. Reinigung.	Was fühle ich?
Elf *siehe auch* Zahlen	Inspiration. Revolution. Entsprechung der Zahl Zwei auf einer höheren Ebene.	Was bin ich zu verändern bereit?
Elfe *siehe* Fee; Zwerg		
Embryo *siehe* Fötus		

BILD	ASSOZIATIONEN	FRAGESTELLUNG
Engel	Transzendentes Wissen. Mitgefühl. Höheres Bewußtsein. Offenbarung.	Welche Inspiration bin ich zu empfangen bereit?
Entführt	Arbeit an der Unabhängigkeit und Freiheit.	Welche Verantwortungen will ich übernehmen oder fürchte ich zu übernehmen?
Entsetzen *siehe auch* Angst	Lähmende Angst. Vertrauensverlust.	Was ist für mein Wohlbefinden von zentraler Bedeutung? Auf welchen Teil von mir vertraue ich?
Epilepsie *siehe* Anfälle		
Erbrechen oder Erbrochenes	Ausspeien von unverdaulichen Gedanken oder Gefühlen.	Was muß ich loswerden?
Erdbeben	Erschütterung der Seele. Veränderung auf tieferen Ebenen.	Welcher Teil von mir wird aufgerüttelt?
Erde *siehe auch* Elemente	Materie. Durch die Natur geerdet sein.	Wie bin ich mit der physischen Welt verbunden?
Erdnuß *siehe* Nuß		

BILD	ASSOZIATIONEN	FRAGESTELLUNG
Erdrosseln	Kommunikation zurückhalten.	Was bin ich zu sagen oder zu hören bereit?
Erdrutsch	Arbeit an der emotionalen Stabilität. Angst vor Veränderung.	Welche alten Überlebenstaktiken bin ich abzulegen bereit?
Erektion *siehe auch* Sexualität	Schöpferische Kraft. Fruchtbarkeit.	Was will ich tun oder in Angriff nehmen?
Erregung *siehe auch* Sexualität	Stimulation. Verfügbarkeit.	Worauf möchte ich reagieren?
Erschöpfung	Vergeudete Energie. Depression. Schwäche.	Welchen Gefühlen will ich aus dem Weg gehen? Worüber denke ich lieber nicht nach?
Erstechen	Angst vor Verrat.	Wo in meinem Leben bin ich bereit, mehr Vertrauen zu zeigen?
Ersticken	Beschränkung. Selbstzweifel.	Welcher Teil von mir braucht mehr Raum, um leben zu können?
Erstickungsanfall	Eingeschränkte Kommunikation.	Was fürchte ich auszusprechen?

BILD	ASSOZIATIONEN	FRAGESTELLUNG
Ertrinken	Emotional untergehen.	In welchen Bereichen meines Lebens bin ich bereit, mich emotional sicherer zu fühlen?
Eruption	Explosion von unbewußtem Material.	Was muß ich klären?
Esel *siehe auch* Haustiere	Einfachheit. Robustheit.	Wo in meinem Leben kann ich meine Stärke direkter zum Ausdruck bringen?
Essen	Ernährung. Befriedigung. Genuß.	Welchen Teil von mir nähre ich?
Eßzimmer *siehe auch* Haus; Nahrung	Das Ritual des Essens. Formalität.	Welche Nahrung brauche ich?
Eule	Weisheit. Vision.	Welcher Teil von mir ist von Natur aus weise?
Eunuch *siehe auch* Kastration	Abschneiden der Sexualität.	Wie kann ich sicher sein und dennoch meine Sexualität leben?
Examen *siehe* Test		
Ex-Ehefrau	Weibliches Ideal, das entweder integriert ist oder abgelehnt wird.	Was habe ich in mir akzeptiert, oder was kann ich nicht akzeptieren?

BILD	ASSOZIATIONEN	FRAGESTELLUNG
Ex-Ehemann	Männliches Ideal, das entweder integriert ist oder abgelehnt wird.	Was habe ich in mir akzeptiert, oder was kann ich nicht akzeptieren?
Ex-Freund	Männliches Ideal, das entweder integriert ist oder abgelehnt wird.	Was habe ich in mir akzeptiert, oder was kann ich nicht akzeptieren?
Ex-Freundin	Weibliches Ideal, das entweder integriert ist oder abgelehnt wird.	Was habe ich in mir akzeptiert, oder was kann ich nicht akzeptieren?
Exhibitionismus *siehe auch* Sexualität	Entblößung.	Welcher Teil von mir selbst will gesehen oder verstanden werden?
Exkremente	Ausscheidung. Unrat aus der Vergangenheit.	Was bin ich zu vergessen bereit?
Expedition *siehe auch* Suche	Abenteuer. Suche nach der Seele.	Welcher Teil von mir trägt die Antwort in sich?
Explosion	Plötzliche, gewaltsame Veränderung.	Was ist bereit hervorzubrechen?

BILD	ASSOZIATIONEN	FRAGESTELLUNG
Facelifting	Wiederherstellung des Selbstbildes. Erneuerung. Eitelkeit.	Welcher Teil meiner Identität ist zu einer Generalüberholung bereit?
Faden	Schwäche. Zerbrechlichkeit.	Was bin ich zu stärken bereit?
Fahne	Patriotismus. Identifikation.	Wem gilt meine Loyalität?
Fahren *siehe auch* Fahrzeuge; Reisen	Arbeit an Energie und Kraft.	Wie weit kann ich kommen? Welches ist mein Wunschziel?
Fahrrad *siehe auch* Fahrzeuge	Fortkommen aus eigenem Antrieb. Freizeit.	Habe ich genug Kraft, um es zu schaffen? Wird es Spaß machen?
Fahrzeuge *siehe auch* einzelne Stichworte	Macht. Kraft. Bewegung. Mittel, um ans Ziel zu gelangen.	Wieviel Kraft habe ich? Wie ist meine Einstellung zum Thema Macht?
• Anhänger	Nachzügler. Behinderung.	Welche zusätzliche Bürde habe ich mir aufgelastet?
• Auto	Persönliche Macht. Ego.	Werde ich ankommen? Wer bin ich?
• Boot	Fahrt über die Tiefen der Gefühle.	In welchen emotionalen Tiefen kann ich sicher navigieren?

BILD	ASSOZIATIONEN	FRAGESTELLUNG
· Bremse	Kontrolle oder Verringerung der Geschwindigkeit.	Wo in meinem Leben bin ich bereit, mich sicherer im Umgang mit meiner Kraft zu fühlen?
· Bus	Gemeinsame Reise. Massenverkehr.	Welches Verhältnis besteht zwischen meiner persönlichen Macht und dem Massenbewußtsein?
· Cabrio	Demonstration von Macht. Parade.	Welche Macht bin ich zu zeigen bereit?
· Dreirad	Unreife Kraft. Spielerische Bewegung.	Bin ich reif genug, um mein Ziel zu erreichen? Macht mir das Unterwegssein Spaß?
· Fahrrad	Fortkommen aus eigenem Antrieb. Freizeit.	Habe ich genug Kraft, um es zu schaffen? Wird es Spaß machen?
· Flugzeug	Schnelle Überwindung von großen Strecken.	Habe ich es mit der Realisierung von Veränderungen eilig?
· Gasgeben	Arbeit an der Vollendung.	Was entgeht mir, wenn ich mich nicht langsamer bewege?
· Geländewagen	Robustheit. Zweckmäßigkeit. Effizienz.	Wo in meinem Leben muß ich ausdauernd sein, um mein Ziel zu erreichen?

BILD	ASSOZIATIONEN	FRAGESTELLUNG
· Hubschrau-ber	Bewegung in vielen Richtungen.	Wo in meinem Leben wünsche ich mir mehr Bewegungsfrei-heit?
· Lastwagen	Fähigkeit, Lasten zu tragen.	Kann ich die Verant-wortung überneh-men?
· Lieferwagen	Praktische Kraft. Nützlichkeit.	Wie verteile ich mei-ne Kraft? Wieviel kann ich tragen?
· Limousine	Macht im Überfluß. Extravaganz.	Wo in meinem Leben bin ich bereit, meine Macht in ihrer ganzen Fülle zu zeigen?
· Motorrad	Männlichkeit. Kraft. Sich zur Schau stel-len.	Wie »heiß« bin ich? Wo in meinem Leben bin ich bereit, herr-schaftlicher aufzutre-ten?
· Reifen	Kissen. Auffangen von Stößen.	Wo in meinem Leben muß ich mir den Weg ebnen?
· Sicherheits-gurt	Zurückhaltung aus Sicherheitsgrün-den.	Was hält meine Kraft in Schach?
· Stau	Vereitelte Kraft oder Bewegung.	Wo ist meine Energie blockiert?

BILD	ASSOZIATIONEN	FRAGESTELLUNG
· Tragflügel-boot	Sich über das Meer der Gefühle erheben.	Welche Emotionen hemmen mich nicht mehr?
· Verkehr	Chaotische Kraft oder Bewegung.	Was hält mich davon ab, dorthin zu gehen, wohin ich gehen muß oder will?
· Zug	Reiseart, bei der man sich die Gegend anschauen kann, durch die man fährt.	Was möchte ich mir anschauen, während ich mein Leben verändere?
Fallen	Versagensangst. Machtverlust. Kontrollverlust.	Wo in meinem Leben habe ich das Gefühl, die Kontrolle verloren zu haben? Wo möchte ich landen?
Fallschirm	Rettung. Ausgeliefertsein.	Wovor bin ich auf der Flucht? Wo möchte ich landen?
Fallschirm-jäger	Invasion. Der Nervenkitzel physischer Gefahr.	Welches Territorium will ich erobern?
Familie	Verwandte. Gruppe.	Womit bin ich bereit, in Beziehung zu treten? Wo fühle ich mich zugehörig?

BILD	ASSOZIATIONEN	FRAGESTELLUNG
Farben *siehe* einzelne Stichworte		
• beige	Neutralität. Losgelöstheit. Fehlende Kommunikation. Status.	Was bin ich bereit, ernster zu nehmen oder nicht mehr so ernst zu nehmen?
• blau	Harmonie. Spiritualität. Innerer Frieden. Ergebenheit.	Welches ist die Quelle meines inneren Friedens?
• braun	Materielle Welt. Sicherheit.	Was in meinem Leben bedarf der Organisation?
• gelb	Vitalität. Intellekt. Klarheit.	Was versuche ich zu verstehen?
• grau	Übergang von einem Zustand in einen anderen. Hellgrau: Frieden. Dunkelgrau: Angst.	Worauf bewege ich mich zu?
• grün	Wachstum. Klarheit. Heilung durch Wachstum.	In welchem Bereich meines Lebens wachse ich?
• lila *siehe* Farben: violett		
• orange	Emotion. Stimulation. Heilung.	Was fühle ich?

BILD	ASSOZIATIONEN	FRAGESTELLUNG
· rosa	Zuneigung. Liebe.	Wovon fühle ich mich angesprochen?
· rot	Energie. Kraft. Leidenschaft.	Aus welcher Quelle schöpfe ich meine Energie oder Kraft?
· schwarz	Isolation. Begrenzung. Trennung. Innenschau. Übergangsfarbe.	Wovon schneide ich mich ab?
· türkis	Heilung. Glück. Schutz.	Wo in meinem Leben fühle ich mich sicher?
· violett	Spiritualität. Grenze zwischen dem Sichtbaren und dem Unsichtbaren. Aristokratie.	Wonach strebe ich?
· weiß	Reinheit. Klarheit. Kälte.	Was will ich läutern?
Faß	Eingeschlossensein. Fassungsvermögen.	Was habe ich auf Lager? Wieviel kann ich fassen?
Fax	Zusammenschrumpfen von Raum und Zeit.	Was bin ich sofort mitzuteilen bereit?
Feder	Mühelosigkeit. Zartheit.	Was fällt mir leicht? Was kitzelt meine Neugier?

BILD	ASSOZIATIONEN	FRAGESTELLUNG
Fee	Elementar. Natur-geist.	In welche Bereiche jenseits des Normalen möchte ich vordringen?
Feld	Weite. Betätigungs-feld.	Was bin ich in mir zu kultivieren bereit?
Fels *siehe auch* Stein	Unveränderlichkeit. Sicherheit.	Was will ich mir permanent erhalten?
Fenster *siehe auch* Haus	Aussicht. Sehen und gesehen werden.	Was bin ich zu sehen bereit? Was möchte ich aufdecken oder verbergen?
Fernsehen	Bild oder Geschichte von der Realität. Mittel zur Verfolgung von Ereignissen.	Welche Geschichte denke ich mir aus? Was will ich beobachten?
Fesseln	Begrenzung. Gewaltsame Einschränkung.	Was fürchte ich zu tun?
Festung	Durch Verteidigungs-anlagen geschütztes Selbst.	Welche Schutzmechanismen bin ich zu überprüfen bereit?
Fett	Schutz. Sensibilität. Sicherheit.	Welche Ängste bin ich aufzugeben bereit?

BILD	ASSOZIATIONEN	FRAGESTELLUNG
Feuer *siehe auch* Elemente	Geist. Energie. Rein und reinigend.	In welchen Bereichen meines Lebens suche ich nach Inspiration oder Erneuerung?
Feuerwehr-mann	Beschützender, männlicher Aspekt des Selbst.	Welcher Teil von mir bedarf der Rettung? Was möchte ich retten?
Film	Ausagieren eines Drehbuchs oder einer Geschichte. Ein Mittel, um sich vom Geschehen zu distanzieren.	Was ist meine Geschichte? Was will ich beobachten?
Filmstar	Glanz und Glorie. Anerkennung. Ruhm.	Welcher Teil von mir ist bereit, im Rampenlicht zu stehen?
Findelkind	Verlassener Aspekt des Selbst.	Welchem Teil meines Selbst will ich mich annehmen?
Finden	Entdeckung. Erkenntnis.	Was bin ich in Besitz zu nehmen bereit?
Findling	Hindernis. Baustein.	Was steht mir im Weg? Wie kann ich das Material, das mir den Weg versperrt, sinnvoll nutzen?

BILD	ASSOZIATIONEN	FRAGESTELLUNG
Finger *siehe auch* Körperteile	Sensibilität. Achtsamkeit.	Was berühre ich?
Fingernägel *siehe auch* Körperteile	Sichere Handhabung. Auffällig oder funktional.	Womit bin ich umzugehen bereit, oder was will ich zu tun vermeiden?
Fisch	Emotion. Bewegungsfreiheit im Element der Gefühle. Inneres Selbst.	Was fühle ich?
Flamme *siehe auch* Feuer	Inspiration. Intensive Emotionen.	Welche Gefühle drängen danach, zum Ausdruck gebracht zu werden?
Flaschenzug	Bewegung mit minimalem Kraftaufwand.	Was kann ich mühelos bewegen?
Fledermaus *siehe auch* Tiere, wildlebende	Nachtaktiv. Gespenstisch. Hochsensibel.	Welche Finsternis bin ich zu durchdringen oder zu erforschen bereit?
Fleisch	Essentielles Nahrungsmittel. Manchmal überlebenswichtig.	Was muß ich tun, um überleben zu können? Wo bin ich bereit zu vertrauen?

BILD	ASSOZIATIONEN	FRAGESTELLUNG
Fliegen	Der weitverbreitetste ekstatische Traum. Die optimale Mischung von Kontrolle und Freiheit.	Wo in meinem Leben spüre ich dieses Glücksgefühl?
Fliegender Fisch *siehe auch* Fisch	Freiheit der Gefühle.	Welche Erfahrungen oder Emotionen lassen mich Freudensprünge machen?
Flirt	Zur Schau gestellte Liebe.	Mit wem oder was möchte ich auf Tuchfühlung gehen?
Floh	Unausweichliche, kleinere Unannehmlichkeiten.	Mit welchen alten Problemen bin ich bereit es aufzunehmen?
Flügel	Fliegen. Freiheit. Transzendenz.	Worüber bin ich mich zu erheben bereit?
Flugzeug *siehe auch* Fahrzeuge	Schnelle Überwindung von großen Strecken.	Habe ich es mit der Realisierung von Veränderungen eilig?
Fluß *siehe auch* Wasser	Fließend und aktiv. Kann gefährliche Stromschnellen aufweisen; kann glatt und ruhig sein.	Welche Gefühle sind in mir in Bewegung?
Flutwelle *siehe auch* Wasser	Überwältigende Emotionen.	Welche Gefühle sind bedrohlich für mich?

BILD	ASSOZIATIONEN	FRAGESTELLUNG
Fohlen *siehe auch* Haustiere	Vorhandenes Potential. Unbeholfenheit. Charme.	Wo in meinem Leben fange ich an, mein eigenes Potential zu erkennen?
Folter	Teil des Selbst, der vom Rest gequält wird.	Inwieweit bin ich hart zu mir selbst?
Foto	Bild. Vision. Erinnerung.	Woran erinnere ich mich? Wie sehe ich die Welt?
Fotograf *siehe auch* Kamera	Arbeit am Weltbild.	Welches Weltbild möchte ich mir bewahren?
Fötus	Vorhandenes Potential. Empfangen, aber noch nicht geboren.	Was will ich hervorbringen?
Frau	Weiblicher Aspekt. Empfänglichkeit.	Wo in meinem Leben bin ich zu mehr Empfänglichkeit bereit?
Frei oder Freiheit	Unabhängigkeit. Loslassen.	Welchen Teil meines Selbst bin ich zu befreien bereit?
Freiwilliger	Arbeit an der Bereitwilligkeit.	Was habe ich anzubieten? Wofür mache ich mich stark?

BILD	ASSOZIATIONEN	FRAGESTELLUNG
Fremder	Nicht anerkannter Aspekt des Selbst.	Welchen Teil meines Wesens bin ich bereit kennenzulernen?
Freude	Glücklichsein. Wohlbefinden.	Was habe ich bedingungslos angenommen?
Freund(in)	Aspekt des Selbst, der bereit ist, integriert zu werden.	Welchen Teil von mir integriere ich im Augenblick?
Freund (Geliebter)	Männliches Ideal.	Was bewundere ich an einem Mann? Welche Eigenschaften bin ich zu integrieren bereit?
Freundin (Geliebte)	Weibliches Ideal.	Was bewundere ich an einer Frau? Welche weiblichen Eigenschaften bin ich zu integrieren bereit?
Friedhof	Tod. Transformation.	Was ist für mich vorüber?
Friseur	Arbeit am Selbstbild und dem Selbstwertgefühl.	In welcher Hinsicht darf es mir von nun an bessergehen?
Frosch *siehe auch* Tiere, wildlebende	Transformation.	Welche Schönheit liegt in mir verborgen?

BILD	ASSOZIATIONEN	FRAGESTELLUNG
Frühling	Wachstumszyklus. Hervorbringung.	Was brüte ich aus?
Fuchs *siehe auch* Tiere, wild-lebende	Klugheit. List.	Wo vertraue ich mir, und wo bin ich miß-trauisch gegen mich selbst?
Fundament *siehe auch* Haus	Grundprinzipien oder fundamentale Glaubenshaltung. Er-dung.	Was bin ich auf eine solide oder sichere Grundlage zu stellen bereit?
Fünf *siehe auch* Zahlen	Quintessenz. Wech-sel. Feier.	Was entfaltet sich in mir?
Funkruf-empfänger	Erreichbarkeit. Ver-fügbarkeit.	Welcher Teil von mir ist immer in Rufbereit-schaft?
Fuß *siehe auch* Körperteile	Erdung. Richtung. Fundamentale Glau-benshaltung.	Wohin gehe ich?
Fußball *siehe* Ballspiel; Sport		
Fußboden *siehe auch* Haus	Fundament. Grund-elemente.	Wo in meinem Leben möchte ich Stabilität schaffen?
Fußknöchel *siehe auch* Körperteile	Unterstützung. Rich-tung.	Wohin bin ich unter-wegs?

BILD	ASSOZIATIONEN	FRAGESTELLUNG
Galerie *siehe* Kunstgalerie		
Gammler	Ablehnung sozialer Werte. Isolation.	Inwieweit bin ich bereit, ganz allein dazustehen?
Gangster	Verbrecher. Gesetz des Stärkeren.	Welche neuen Regeln will ich für mich selbst aufstellen?
Gans *siehe auch* Haustiere	Albern. Aggressiv. Wachsam.	Bin ich albern? Wo in meinem Leben könnte jederzeit meine Aggression zum Ausbruch kommen?
Garage *siehe auch* Haus	Aufbewahrung. Schutz.	Wie sorgsam gehe ich mit meinen Kräften um?
Gardine *siehe* Vorhang		
Garn	Verbindung. Muster.	Was verbinde oder erschaffe ich?
Garten	Inneres Selbst. Wachstum oder Blüte.	Was nähre ich in mir?
Gärtner	Natürlicher Prozeß. Wachstum.	Was wächst in mir heran?

BILD	ASSOZIATIONEN	FRAGESTELLUNG
Gasgeben *siehe auch* Fahrzeuge	Arbeit an der Vollendung.	Was entgeht mir, wenn ich mich nicht langsamer bewege?
Gebäck *siehe auch* Kuchen	Luxus. Nascherei. Süße.	Wonach sehne ich mich? Ist mein Leben süß genug?
Gebiß *siehe* Körperteile: Zähne		
Gebrauchtwaren	Billig. Brauchbar.	Wo in meinem Leben bin ich bereit, mit wenigem auszukommen, oder womit bin ich bereit mich zu begnügen?
Geburt *siehe* Baby		
Geburtstag	Feiern eines Neubeginns.	Was wird in mir geboren?
Gefahr	Bedrohlich erscheinende Veränderung.	Was habe ich Angst zu verlieren, wenn ich mich ändere?
Gefährte *siehe* Freund		
Gefängnis	Bestrafung. Freiheitsentzug.	Wo habe ich einen Fehler begangen?

BILD	ASSOZIATIONEN	FRAGESTELLUNG
Gefrorenes *siehe auch* Wasser	Konservierung. Zurückhaltung.	Welche starren Gefühle bin ich aufzulösen bereit?
Gefühllosigkeit	Arbeit an der Verleugnung von Emotionen.	Wo in meinem Leben bin ich bereit, weniger sensibel zu sein?
Gehcimnis	Arbeit an etwas, das im verborgenen liegt.	Was bin ich bereit, bloßzustellen oder aufzudecken?
Gehen	Natürliche Bewegung. Körperliche Betätigung.	Wohin bin ich unterwegs? Bewege ich mich schnell genug?
Gehirn *siehe auch* Körperteile	Intellekt. Geist. Verstand.	Was bin ich zu verstehen bereit?
Gehstock *siehe auch* Behinderter; Krücken; Krüppel	Einschränkung. Begrenzung.	Was behindert mich in meiner Bewegungsfreiheit?
Geier	Aasfresser.	Inwiefern nähre ich mich von den Erfahrungen der Vergangenheit?
Geifern	Kontrollverlust. Lächerlichkeit.	Was nehme ich zu ernst?

BILD	ASSOZIATIONEN	FRAGESTELLUNG
Geisel	Als Faustpfand fest-gehalten werden.	Was habe ich davon, mich selbst oder ande-re zurückzuhalten?
Geist	Spiritueller – manch-mal gefürchteter – Aspekt des Selbst. Er-innerung.	Was holt mich immer wieder ein?
Geisterhaus *siehe auch* Haus	Kindheitsängste. Ver-bot. Jenseits von Be-grenzungen.	Welchen Teil meiner Vergangenheit bin ich zu läutern bereit? Inwieweit bin ich be-reit, die Geister zu ver-treiben?
Gelände-wagen *siehe auch* Fahrzeuge	Robustheit. Zweck-mäßigkeit. Effizienz.	Wo in meinem Leben muß ich ausdauernd sein, um mein Ziel zu erreichen?
Gelb *siehe auch* Farben	Vitalität. Intellekt. Klarheit.	Was versuche ich zu verstehen?
Geld	Sicherheit. Reich-tümer.	Was ist mir etwas wert?
Gelenk	Verbindung. Anschlußstelle.	Was fügt sich für mich zu einem Bild zusammen?
Gemüse	Gesundes Essen. Na-türliche Nahrung.	Wonach hungere ich?

BILD	ASSOZIATIONEN	FRAGESTELLUNG
Gepäck	Meinungen. Einstellungen. Glaubenshaltungen. Besitztümer. Materielle Güter und Verantwortlichkeiten.	Was schleppe ich mit mir herum? Wie fühlt sich die Last für mich an? Was bin ich zurückzulassen bereit?
Gericht	Lösung von Problemen. Konflikt.	Welches Problem bin ich zu lösen bereit? Wo fürchte ich mich vor Verurteilung?
Geruch	Intuition aufgrund von Sinneswahrnehmungen.	Was riecht in dieser Situation gut oder schlecht?
Geschäft	Ressourcen. Vielfalt. Auswahl.	Nach welchen neuen Dingen suche ich?
Geschenk	Anerkennung. Würdigung.	Welchem Teil meiner selbst möchte ich huldigen? Was weiß ich zu schätzen?
Geschirr	Gefäße für Nährendes.	Womit will ich mich nähren?
Gesetzloser	Rebellion. Abenteuer.	Nach welcher Freiheit suche ich?
Gesicht *siehe auch* Körperteile	Identität. Ego. Selbstbild.	Wie erscheine ich?

Gestank *siehe* Geruch		
Gewehr	Gewalt. Aggression. Bedrohung.	Was bedroht mich? Wo in meinem Leben will ich beschützt werden?
Gewicht-heben	Durch Anstrengung entwickelte Stärke. Lasten auf die leichte Schulter nehmen.	Inwieweit stärkt mich die Verantwortung, die ich trage?
Gift	Destruktive Handlungen oder Gedanken.	Was nährt mich nicht mehr?
Gipfel *siehe auch* Berg	Höhepunkt des Erfolgs. Errungenschaft. Ziele.	Auf welches Ziel bewege ich mich zu? Was stellt für mich einen Erfolg dar?
Giraffe *siehe auch* Tiere, wildlebende	Überblick. Scheue Anmut.	Wo in meinem Leben bin ich bereit, mir einen größeren Überblick zu verschaffen?
Glatze *siehe auch* Haare	Sexuelle Thematik. Weisheit.	Was möchte ich aufgeben, oder was fürchte ich zu verlieren?
Glocke	Signal. Wiedererkennen. Feier.	Was möchte ich hören oder fürchte ich zu hören?

BILD	ASSOZIATIONEN	FRAGESTELLUNG
Glücklich *siehe* Freude		
Glücksspiel	Gewinn. Wunsch nach Anerkennung.	In welchem Bereich meines Lebens bin ich zu gewinnen bereit?
Glühwürm-chen	Botschaften. Inspiration.	Was erweckt mein Interesse am Leben?
Gold	Unvergänglicher Wert. Pracht.	Welche Schätze bewahre ich? Welcher Teil von mir ist besonders wertvoll?
Goldfisch *siehe auch* Fisch; Gold.	Pflegeleicht. Vergänglich.	Welche kleinen Dinge machen mir Freude?
Golf	Prestigeträchtiger Sport.	Wie kann ich meinen gesteigerten Selbstwert genießen?
Gorilla *siehe auch* Tiere, wild-lebende	Stärke. Unschuld. Seltenheit.	In welchen Bereichen meines Lebens bin ich bereit, stark und sanft zugleich zu sein?
Gott	Das Göttlich-Männliche. Heilig. Schöpfer.	Was ist mir heilig?

BILD	ASSOZIATIONEN	FRAGESTELLUNG
Göttin	Das Göttlich-Weibliche. Mitgefühl. Liebe.	Welche Eigenschaften verehre ich?
Graben	Entwässerung. Entkommen. Versteck. Deckung.	Was bin ich aus dem Weg zu räumen bereit? Wem will ich entkommen? Wo in meinem Leben brauche ich das Gefühl der Sicherheit? Was will ich verstecken?
Grabstein	Denkmal. Erinnerung.	Wie möchte ich in Erinnerung bleiben? Was hinterlasse ich?
Gras	Natürlicher Schutz. Allgegenwärtigkeit.	Auf welchen Teil meines Selbst kann ich mich immer verlassen?
Grau *siehe auch* Farben	Übergang von einem Zustand in einen anderen. Hellgrau: Frieden. Dunkelgrau: Angst.	Worauf bewege ich mich zu?
Grenze	Wo zwei Staaten, Einstellungen oder Lebensmuster aufeinandertreffen.	In welche neuen Bereiche vorzudringen stehe ich im Begriff?

BILD	ASSOZIATIONEN	FRAGESTELLUNG
Größe	Von überdurch-schnittlichen Abmes-sungen. Aufgebla-sen. Großzügig.	Wo in meinem Leben bin ich zur Expansion bereit? An welchen Stellen habe ich Angst vor übermäßi-ger Expansion?
Großeltern	Sanfte Autorität. Freundlichkeit.	Wo in meinem Leben suche ich nach Unter-stützung?
Großstadt	Zivilisierte Ordnung. Kultur. Gemein-schaftlichkeit oder Verfall gemeinschaft-licher Systeme.	Wie funktioniert die Zusammenarbeit zwischen meinen verschiedenen Persönlichkeits-anteilen?
Grün *siehe auch* Farben	Wachstum. Klarheit. Heilung durch Wachstum.	In welchem Bereich meines Lebens wach-se ich?
Grund *siehe auch* unter oder Unteres	Fundament. Voll-endung.	Was habe ich voll und ganz erforscht? Was möchte ich voll und ganz erfor-schen?
Gürtel *siehe auch* Kleidung	Hochhalten. Si-chern. Verknüpfen.	Welche Verbindun-gen bin ich herzustel-len bereit?

BILD	ASSOZIATIONEN	FRAGESTELLUNG
Gürteltier *siehe auch* Tiere, wild- lebende	Panzerung. Ko-Ab- hängigkeit.	Welche Grenzen will oder muß ich setzen?
Guru	Wissen. Inspiration. Obsession. Hingabe.	Inwieweit wünsche ich mir oder habe ich Angst davor, der Welt mit mehr Stärke ge- genüberzutreten?

BILD	ASSOZIATIONEN	FRAGESTELLUNG
Haar *siehe auch* Körperteile	Schutz. Attraktivität. Sinnlichkeit.	Was verberge ich? Was trage ich zur Schau?
Hafen *siehe auch* Wasser	Schutz. Sicherheit.	Wo in meinem Leben finde ich emotionalen Frieden?
Hahn	Aggressive Männlich- keit. Eitelkeit.	Was möchte ich in die Welt hinauskrähen?
Haifisch	In den Emotionen lauernde Gefahren.	Welches übermächti- ge Gefühl ist bedroh- lich für mich?
Haken *siehe auch* angeln	In die Falle locken. Fangen.	Was möchte ich fan- gen?
Hals *siehe auch* Körperteile	Kommunikation. Ver- trauen. Kreativität.	Was bin ich zu hören und zu sagen bereit?
Halskette *siehe auch* Schmuck	Zurschaustellung. Vornehmheit.	Worauf bin ich stolz? Was schätze ich an mir selbst?
Hammer	Bauen. Zuschlagen.	Wo in meinem Leben errichte ich etwas oder reiße ich etwas nieder?
Hamster *siehe auch* Haustiere	Abhängigkeit. Drol- ligkeit.	Welcher Teil von mir will versorgt werden?

BILD	ASSOZIATIONEN	FRAGESTELLUNG
Hand *siehe auch* Körperteile	Fähigkeit. Kompetenz. Hilfe.	Womit bin ich umzugehen bereit?
Handtasche *siehe auch* Kleidung	Weibliches Selbst. Gelegentlich auch sexuelle Identität. Sicherheit.	Woran halte ich fest? Welchen Teil von mir weiß ich zu schätzen?
Hängen	Zurückhalten von Mitteilungen.	Was bin ich zu sagen oder hören bereit?
Haube *siehe auch* Kleidung	Wohlgehütete oder altmodische Auffassungen.	Wo ist meine Sicht beschränkt?
Haus *siehe auch* einzelne Stichworte	Das Sein. Das Haus des Selbst.	Was glaube oder fürchte ich in bezug auf mich selbst?
· Badezimmer	Ort der Reinigung und des Loslassens.	Was bin ich bereit loszulassen?
· Balken	Sichere Stütze.	Was unterstützt mein höheres Bewußtsein?
· Burg	Befestigtes, doch edelmütiges Selbst.	Welche Wände bin ich einzureißen bereit?
· Dach	Das Höhere. Schutz. Bedeckung.	Wo in meinem Leben bin ich bereit, meine Grenzen zu erweitern?

BILD	ASSOZIATIONEN	FRAGESTELLUNG
· Dachboden	Höheres Bewußtsein. Erinnerung. Gespeicherte Vergangenheit.	Was gibt es »da oben«, das ich in Besitz nehmen möchte oder das zu erkunden ich mich fürchte?
· Diele	Eingang. Privatsphäre.	Wie gut stehen die einzelnen Teile meines Selbst miteinander in Einklang?
· Eßzimmer	Das Ritual des Essens. Formalität.	Welche Nahrung brauche ich?
· Fenster	Aussicht. Sehen und gesehen werden.	Was bin ich zu sehen bereit? Was möchte ich aufdecken oder verbergen?
· Fundament	Grundprinzipien oder fundamentale Glaubenshaltung. Erdung.	Was bin ich auf eine solide oder sichere Grundlage zu stellen bereit?
· Fußboden	Fundament. Grundelemente.	Wo in meinem Leben möchte ich Stabilität schaffen?
· Garage	Aufbewahrung. Schutz.	Wie sorgsam gehe ich mit meinen Kräften um?

BILD	ASSOZIATIONEN	FRAGESTELLUNG
· Geisterhaus	Kindheitsängste. Verbot. Jenseits von Begrenzungen.	Welchen Teil meiner Vergangenheit bin ich zu läutern bereit? Inwieweit bin ich bereit, die Geister zu vertreiben?
· Herrschafts-haus	Weitläufige Wohn-statt des Selbst.	Welcher Teil von mir braucht mehr Raum?
· Hütte	Grund- oder Urbe-dürfnisse. Rückzug. Bescheidenheit.	Wo in meinem Leben bin ich bereit, mich zu bescheiden?
· Kamin, offener	Energiequelle, Hitze, spiritueller Mittel-punkt des Selbst.	Was ist für mich von zentraler Bedeutung? Was wärmt mich?
· Keller	Das Untere. Das Un-bewußte.	Welcher Teil meines Unbewußten ist bereit, ans Licht zu kommen?
· Küche	Ernährung. Produkti-vität.	Welche Suppe ist am dampfen?
· Landhaus	Gemütliche, vertrau-te Heimstatt des Selbst.	Welcher Teil von mir sehnt sich nach Geborgenheit?
· Möbel	Identität. Haltungen. Glaubenssätze.	Wie richte ich es mir im Haus meines Selbst ein?

BILD	ASSOZIATIONEN	FRAGESTELLUNG
· Obdach-losigkeit	Zu kurz kommen in spiritueller Hinsicht. Mangelnde Sicherheit und Stabilität.	Welche neue Struktur suche ich?
· Palast	Potentielles Königreich des Selbst.	Wie kann ich mein ganzes Potential entfalten?
· Schlafzimmer	Privatsphäre. Ruhe. Intimität.	Welches ist meine innere Realität?
· Treppe	Aufstieg. Aufsteigen. Streben nach Höherem. Abstieg. Erdung.	Zu welchem Ziel möchte ich mich hinauf- oder hinabbegeben?
· Tür	Zugang. Bewegung aus einem Bereich heraus in einen anderen hinein.	Welchen Bereich bin ich zu betreten bereit oder welchen will ich mir als Privatsphäre erhalten?
· Veranda	Schnittstelle zwischen dem Selbst und der Welt.	Wo in meinem Leben bin ich bereit, mich zugänglicher zu zeigen?
· Wand	Barriere. Verteidigung. Trennung.	Was bin ich zu integrieren bereit? Wo brauche ich das Getrenntsein?

BILD	ASSOZIATIONEN	FRAGESTELLUNG
· Wohnung	Ein Teil des gesamten Gebäudes des Selbst.	Welche Anteile meines Selbst habe ich in Besitz genommen?
· Wohnzimmer	Zentraler Ort im Haus des Selbst.	Was ist für mein Dasein von zentraler Bedeutung?
· Zimmerdecke	Begrenzung nach oben hin. Obergrenze.	Wo in meinem Leben bin ich bereit, meine Grenzen nach oben hin zu verschieben?
· Zuhause	Mittelpunkt des Seins. Spirituelles Selbst.	Wo wohnt mein Geist?
Haustiere *siehe auch* einzelne Stichworte	Das von den Werten der Zivilisation gezähmte natürliche Selbst.	Welcher Teil von mir ist bereit, sich zähmen zu lassen, oder wünscht sich, nicht so zahm zu sein?
· Esel	Einfachheit. Robustheit.	Wo in meinem Leben kann ich meine Stärke direkter zum Ausdruck bringen?
· Fohlen	Potential. Unbeholfenheit. Charme.	Wo in meinem Leben fange ich an, mein eigenes Potential zu erkennen?

BILD	ASSOZIATIONEN	FRAGESTELLUNG
· Gans	Albern. Aggressiv. Wachsam.	Bin ich albern? Wo in meinem Leben könnte jederzeit meine Aggression zum Ausbruch kommen?
· Hamster	Abhängigkeit. Drolligkeit.	Welcher Teil von mir will versorgt werden?
· Huhn	Verzettelte, unorganisierte Gedanken. Kleinmütige Ängste.	Wo muß ich meine Aufmerksamkeit bündeln? Mache ich mir grundlos Sorgen?
· Hund	In der Regel ein männlicher Aspekt. Bedingungslose Liebe. Gehorsam, loyal, zuverlässig.	Bin ich zuverlässig? Was oder wen liebe ich bedingungslos?
· Kalb	Unreife. Unerfahrenheit.	Welche Eigenschaften möchte ich entwickeln?
· Kamel	Wüstenschiff. Ausdauer.	Welche emotionalen Ressourcen trage ich in mir?
· Kaninchen	Fruchtbarkeit. Glück. Unsicherheit.	Wo in meinem Leben bin ich bereit, produktiv zu sein?

BILD	ASSOZIATIONEN	FRAGESTELLUNG
· Katze	Ein weiblicher Aspekt. Anschmiegsam und weich. Auch unabhängig und selbständig.	Wie integriere ich die nachgiebigen und unabhängigen Teile meiner Persönlichkeit? Was empfinde ich in bezug auf die Kombination dieser beiden Eigenschaften in einer Frau?
· Kuh	Gefügig und produktiv. Nährender, wenngleich passiver Aspekt des Selbst.	Bin ich passiv? Was nähre ich?
· Maulesel	Sturheit. Eigensinn. Durchhaltevermögen.	Wo in meinem Leben bin ich zum Durchhalten bereit?
· Meerschweinchen	Fruchtbarkeit. Verantwortlichkeit.	Worum lerne ich, mich zu kümmern?
· Ochse	Last. Stärke. Dummheit.	Inwieweit zweifle ich an meiner eigenen Stärke? Was gibt mir das Gefühl, dumm zu sein?
· Pferd	Schnell. In der Regel elegant. Gefühl eines entwickelten Bewußtseins. Manchmal auch unausgedrückte Sexualität.	Wie empfinde ich meine eigene Macht? Welche natürliche Kraft unterdrücke ich oder drücke ich aus?

BILD	ASSOZIATIONEN	FRAGESTELLUNG
· Pferd, fliegendes oder geflügeltes	Aufstrebendes Bewußtsein. Grenzenlosigkeit des Selbst.	Welcher Teil von mir ist zu einem Höhenflug bereit?
· Plüschtier	Spielerische Beziehung zur natürlichen Welt. Befreiung aus der Verantwortlichkeit.	Wo in meinem Leben wünsche ich mir mehr Vergnügen?
· Schaf	Konformismus.	Wem oder was laufe ich hinterher?
· Schoßtier	Bemühen um Selbstliebe.	Welcher Teil meines Selbst ist mir wichtig?
· Schwein	Gierig. Schlau. Mal unsauber, mal penibel.	Raffe ich mehr Dinge zusammen, als ich brauchen oder verwenden kann? Habe ich mein eigenes Chaos in Ordnung gebracht?
· Stier	Fruchtbarkeit und Stärke. Zorn.	Was erregt meine Leidenschaft?
· Tier, sprechendes	Magische Kommunikation. Natürliche Weisheit.	Welcher Teil meiner Persönlichkeit hat eine Botschaft für mich?
· Ziege	Lustvolle Kraft. Unablässige Energie. Allesfresser.	Was bin ich zu tun entschlossen?

BILD	ASSOZIATIONEN	FRAGESTELLUNG
Haut *siehe auch* Körperteile	Oberfläche des Selbst. Sensibilität. Verbundenheit zwischen Innerem und Äußerem.	Was zeigt sich an der Oberfläche?
Hautaus-schlag	Ärgernisse. Augenblickliche Wut.	Inwieweit hält mich meine Vorsicht zurück? Bin ich zu impulsiv?
Hebel	Zugreifen. Das Ruder übernehmen.	Was möchte ich steuern.
Heftpflaster *siehe* Verband		
Heiler oder Heilung	Wiederherstellung. Genesung.	Wo in meinem Leben bin ich zur Heilwerdung bereit?
Heirat	Vereinigung. Verpflichtung.	Womit bin ich mich zu verbinden oder wozu mich zu verpflichten bereit?
Heiß *siehe* Hitze		
Helm *siehe auch* Kleidung	Wohlgehütete Meinungen und Einstellungen.	Welche Gedanken oder Meinungen bin ich zu ändern bereit?

BILD	ASSOZIATIONEN	FRAGESTELLUNG
Hemd *siehe auch* Kleidung	Höheres Selbst im Gegensatz zum niederen Selbst. Emotionen.	Welche Gefühle halte ich für angemessen?
Heranwachsender	Lustvolles Entwicklungsstadium. Schnelles Wachstum. Unreife.	Welcher Teil von mir ist schon fast an seinem Ziel angelangt? Wo in meinem Leben wachse ich am intensivsten?
Herbst	Transformationszyklus. Ernte.	In welchen Bereichen meines Lebens bin ich bereit, die Früchte meiner bisherigen Arbeit zu ernten?
Herde *siehe* Menge		
Herpes genitalis	Falsch eingesetzte sexuelle Energie. Unvernünftiger sexueller Ausdruck.	Was macht mir in bezug auf das Thema Sex angst?
Herrschaftshaus *siehe auch* Haus	Weitläufige Wohnstatt des Selbst.	Welcher Teil von mir braucht mehr Raum?
Herz *siehe auch* Körperteile	Liebe. Sicherheit.	Wo in meinem Leben bin ich bereit, Liebe zu geben und zu empfangen?

BILD	ASSOZIATIONEN	FRAGESTELLUNG
Herzanfall	Verlust von Liebe und Sicherheit.	Wo in meinem Leben muß ich mehr Liebe geben und bekommen?
Hexe	Negative Weiblichkeit. Schwarze Magie. Wenn positiv: Intuition und natürliche Weisheit.	Welche weiblichen Kräfte habe oder fürchte ich?
Hexer	Arbeit an den eigenen Fähigkeiten oder Hexerei.	Welche Mächte will ich mir untertan machen?
Himmel	Glückseligkeit. Transzendenz. Grenzenlose Freiheit. Expansion.	Wo in meinem Leben fühle ich mich gesegnet? Wo in meinem Leben komme ich ohne Grenzen aus?
Hinken	Arbeit an der Bewegungsfreiheit. Einseitigkeit.	Welches Gleichgewicht versuche ich herzustellen? Welche Seite entwickle ich?
Hinrichten *siehe auch* Richter	Bestrafung. Verurteilung.	In welchen Bereichen meines Lebens bin ich bereit, mir selbst zu vergeben?
Hintern *siehe auch* Körperteile	Demut. Dummheit. Macht.	Bin ich ein Arsch? Was muß ich tun, um mir selbst zu verzeihen?

BILD	ASSOZIATIONEN	FRAGESTELLUNG
Hippie	Freiheit. Ausschweifung. Ablehnung konventioneller Werte.	Welcher Teil von mir möchte anders sein oder hat Angst davor, anders zu sein?
Hirsch *siehe auch* Tiere, wildlebende	Sanfte Schönheit. Schüchternheit.	Welcher Teil in mir sucht nach Schutz?
Hitze	Intensive Emotionen. Streß.	Wo muß ich einen kühleren Kopf bewahren?
Hochgelegene Orte	Errungenschaft. Umfassenderes Verständnis.	Was will ich erreichen? Wohin muß ich gehen, um es zu erreichen?
Hochhaus *siehe* Wolkenkratzer		
Hochschule *siehe* hochgelegene Orte; Schule		
Hochzeit *siehe auch* Heirat	Rituelle Vereinigung.	Womit verbinde ich mich von ganzem Herzen?
Hoden *siehe auch* Körperteile	Yang-Kraft. Männlichkeit.	Welche Kraft bin ich zu zeigen bereit?

BILD	ASSOZIATIONEN	FRAGESTELLUNG
Hof *siehe auch* Garten; Gras	Umschlossenes Areal. Persönlicher Raum.	Was umgibt mich?
Hohe Absätze *siehe auch* Kleidung	Blickfang. Einschränkung. Sexuelle Einladung.	Wie stehe ich zur konventionellen Weiblichkeit?
Höheres	Höheres Selbst. Umfassenderes Verständnis oder Wissen.	Wonach strebe ich? Was will ich wissen?
Höhle	Innere oder verborgene Thematik. Weibliche Sexualität. Die Vergangenheit.	Was liegt in mir, das ich gerne erkunden möchte?
Höhlen-bewohner	Urtümlicher Aspekt des Selbst.	Welche grundlegenden Wesenszüge sind mir zu eigen?
Hölle	Marter. Spirituelle Qualen.	Was bin ich mir oder anderen zu vergeben bereit?
Hologramm	Totalität. Das Teil ist soviel wie das Ganze.	Auf welche Weise bin ich bereit, die Vollkommenheit meines Wesens zu erkennen?
Holz *siehe auch* Baum; Nutzholz	Wachstum.	Welches ist meine natürliche Form?

BILD	ASSOZIATIONEN	FRAGESTELLUNG
Homosexuell *siehe auch* Sexualität	Vereinigung – oder Angst vor der Vereinigung – mit Aspekten des Selbst.	Mit welchem Teil meiner Weiblichkeit oder Männlichkeit will ich verschmelzen?
Hörgerät	Arbeit an der Kommunikationsschwäche.	Was will ich künftig hören können?
Hose *siehe auch* Kleidung	Niederes Selbst. Leidenschaften.	Welche Signale sende ich aus?
Hotel	Vorübergehender Aspekt der Identität.	Welcher Teil von mir ist in einer Übergangsphase?
Hubschrauber *siehe auch* Fahrzeuge	Bewegung in vielen Richtungen	Wo in meinem Leben wünsche ich mir mehr Bewegungsfreiheit?
Hügel	Müheloses Erreichen eines Zieles. Bequemes Vorwärtskommen.	Was fällt mir leicht?
Huhn *siehe auch* Haustiere	Verzettelte, unorganisierte Gedanken. Kleinmütige Ängste.	Wo muß ich meine Aufmerksamkeit bündeln? Mache ich mir grundlos Sorgen?
Hund *siehe auch* Haustiere	In der Regel ein männlicher Aspekt. Bedingungslose Liebe. Gehorsam, loyal, zuverlässig.	Bin ich zuverlässig? Was liebe ich bedingungslos?

BILD	ASSOZIATIONEN	FRAGESTELLUNG
Hure *siehe* Prostituierte		
Hut *siehe auch* Kleidung	Meinungen. Gedanken.	Welche Gedanken oder Einstellungen bringe ich ans Licht?
Hütte *siehe auch* Haus	Grund- oder Urbedürfnisse. Rückzug. Bescheidenheit.	Wo in meinem Leben bin ich bereit, mich zu bescheiden?

BILD	ASSOZIATIONEN	FRAGESTELLUNG
Illustrierte	Anregung. Konsum.	Wo in meinem Leben bleiben meine Wünsche unerfüllt?
Immergrün	Überdauern der Zeit. Unveränderlich.	Was ist ewig in mir?
Impfung	Vorbeugende Injektion.	Habe ich Angst, von irgend etwas angesteckt zu werden?
Indianer	Stoizismus. Natürliche Weisheit. Schläue.	Was ist in mir ungezähmt? Wo in meinem Leben will ich mich der Kontrolle entziehen?
Injektion	Gewaltsame Einführung. Bedürfnis.	Was brauche ich unbedingt?
Innenhof *siehe* Terrasse		
Insekt *siehe* Ungeziefer		
Insel	Einsamkeit. Getrenntheit. Flucht. Mal wohltuend, mal einsam.	Wovon trenne ich mich?
Invalide *siehe auch* Behinderter; Krüppel	Gebrechlichkeit. Arbeit an einer lang anhaltenden Schwäche oder Krankheit.	Welche alten Begrenzungen dürfen nun heil werden?

BILD	ASSOZIATIONEN	FRAGESTELLUNG
Invasion	Gewaltsames Ein-dringen. Angriff.	Welcher Teil von mir ist bereit, mehr Stand-festigkeit zu zeigen?
Inzest *siehe auch* Sexualität	Angst vor der Liebe.	Bin ich bereit, sexuel-le Reife zu zeigen?

Irrgarten
siehe Labyrinth

BILD	ASSOZIATIONEN	FRAGESTELLUNG
Jacke *siehe auch* Kleidung	Bewegungsfreiheit. Abenteuer.	Wo in meinem Leben hätte ich gern mehr Handlungsfreiheit?
Jade	Schutz. Glück.	Wo in meinem Leben fühle ich mich gesegnet oder würde ich gern gesegnet sein?
Jagen	Verfolgung. Suche. Expedition.	Wo in meinem Leben laufe ich vor meiner eigenen Kraft davon? Was bin ich zu fangen bereit? Welchen Teil meines höheren Selbst bin ich in Besitz zu nehmen bereit?
Jeans *siehe auch* Kleidung	Gemeinsamkeit. Bequemlichkeit. Freiheit.	Wo in meinem Leben fühle ich mich zuhause? Wo würde ich mich gern mehr zuhause fühlen?
Jesus *siehe auch* Christus	Menschlicher Aspekt des Göttlichen. Erlösung. Heilung.	Welcher Teil von mir ist bereit, erlöst zu werden?
Jugendlich oder jung	Unreife. Vitalität.	Welcher Teil von mir erblüht?
Junge	Sich entfaltende Yang-Kraft.	Wo wächst ein Kraftpotential für mich heran?

BILD	ASSOZIATIONEN	FRAGESTELLUNG
Kaffee	Anregung. Manchmal Übererregung. Kommunikation.	Was macht mich aktiv? Wo in meinem Leben muß ich es langsamer angehen lassen?
Käfig	Gefährliche Elemente hinter Schloß und Riegel bringen.	Welchen Teil von mir muß ich kontrollieren oder beschränken? Inwieweit bin ich gefährlich?
Kalb *siehe auch* Haustiere	Unreife. Unerfahrenheit.	Welche Eigenschaften möchte ich entwickeln?
Kalmar	Scheu. Strangulierend.	Wo in meinem Leben bin ich bereit, mich zu zeigen oder mich zu Wort zu melden?
Kälte	Emotionale Kühle. Mangelnde Zirkulation.	Wo fehlt es mir an Wärme?
Kamel *siehe auch* Haustiere	Wüstenschiff. Ausdauer.	Welche emotionalen Ressourcen trage ich in mir?
Kamera	Bild der Erfahrung. Aufzeichnung. Gelegentlich ein Mittel zur Distanzierung.	Wie sieht das Ganze für mich aus? Möchte ich aktiv teilhaben?

BILD	ASSOZIATIONEN	FRAGESTELLUNG
Kamin, offener *siehe auch* Haus	Energiequelle, Hitze, spiritueller Mittel- punkt des Selbst.	Was ist für mich von zentraler Bedeutung? Was wärmt mich?
Kampf *siehe auch* Krieg	Gewalttätige Lösung. Freisetzung von Ener- gie. Konflikt. Ausein- andersetzung.	Welcher Konflikt baut sich in mir auf? Wel- cher Konflikt löst sich? Welche Teile von mir befinden sich im Kriegszustand?
Kampfsport	Disziplinierte Stärke oder Kraft.	Auf welche Weise ver- feinere ich meine Kraft?
Kaninchen *siehe auch* Haustiere; Tiere, wild- lebende	Fruchtbarkeit. Glück. Unsicherheit.	Wo in meinem Leben bin ich bereit, produk- tiv zu sein?
Kannibale	Teil des Selbst, der dem Rest geopfert wird. Angst vor Inte- gration.	Welcher Teil von mir verzehrt sich?
Kapitulation	Arbeit am Nachge- ben.	Welche alten Muster oder Glaubenssätze bin ich aufzugeben bereit?
Kappe *siehe auch* Kleidung	Informell. Liberale Meinungen.	Wo in meinem Leben möchte ich toleranter sein?

BILD	ASSOZIATIONEN	FRAGESTELLUNG
Karambolage *siehe* Zusammenstoß		
Karneval	Hemmungsloses Vergnügen. Freiheit von Beschränkungen.	Wo in meinem Leben möchte ich aus dem Rahmen fallen?
Karten	Geschicklichkeit und Glück.	Welches Spiel spiele ich?
Karussell	Unschuldiges Vergnügen. Sinnlose Wiederholung.	Welche einfachen Freuden befriedigen mich? Fühle ich mich von den Umständen gefangen?
Kastration *siehe auch* Eunuch	Verleugnung der Sexualität. Einschränkung der schöpferischen Kraft.	Was empfinde ich in bezug auf meine Kreativität oder Sexualität als bedrohlich?
Katalog	Gelegenheit. Auswahl. Bequemlichkeit.	Was kann ich mühelos erreichen?
Katze *siehe auch* Haustiere	Ein weiblicher Aspekt. Anschmiegsam und weich. Auch unabhängig und selbständig.	Wie integriere ich die nachgiebigen und unabhängigen Teile meiner Persönlichkeit? Was empfinde ich in bezug auf die Kombination dieser beiden Eigenschaften?

BILD	ASSOZIATIONEN	FRAGESTELLUNG
Kelch	Innere Ganzheitlichkeit. Spirituelles Selbst.	Welchen spirituellen Durst bin ich zu stillen bereit?
Keller *siehe auch* Haus	Das Untere. Das Unbewußte.	Welcher Teil meines Unbewußten ist bereit, ans Licht zu kommen?
Kellner(in)	Arbeit am Dienen. Dienstbarkeit.	Welchen Dienst bin ich zu leisten bereit? Wo habe ich das Bedienen satt?
Kerze	Erleuchtung. Visionssuche.	Was möchte ich sehen.
Kette	Fesseln. Vereinte Kraft.	Was behindert oder stärkt mich?
Kettensäge	Gewaltsame Abtrennung.	Was muß ich niederreißen oder abtrennen?
Kiefer *siehe auch* Körperteile	Wille. Unablässige Wut.	Wo in meinem Leben muß ich die dominante Rolle spielen? An welcher Stelle bin ich zum Nachgeben bereit?
Kies *siehe auch* Fels; Stein	Praktisch. Gewöhnlich.	Wo in meinem Leben bin ich bereit, meine praktische Seite stärker zu entfalten?

BILD	ASSOZIATIONEN	FRAGESTELLUNG
Kieselsteine	Schlichtheit. Kompaktheit.	Was fügt sich für mich zu einem Bild zusammen? Welche Kanten wurden glatt geschliffen?
Kind oder Kinder	Unschuld. Das neue Selbst, das sich entfalten will.	Wo in meinem Leben entwickle ich mich? Welcher Teil meines Wesens ist kindlich?
Kino siehe Film		
Kirche	Spirituelle Glaubenshaltung. Organisierte Religion.	Welche Struktur liegt meinem Glauben zugrunde?
Kirmes	Unbeschwerte Entspannung. Feiern. Wiedererkennen.	Was feiere ich? Was erkenne ich wieder?
Kissen	Bequemlichkeit. Intimität.	Welcher Teil von mir sehnt sich nach Unterstützung?
Klassenzimmer siehe auch Schule	Arbeit an der Aus- oder Fortbildung.	Was bin ich bereit zu lernen?

BILD	ASSOZIATIONEN	FRAGESTELLUNG
Klatschen	Schlagartige Aufmerksamkeit.	Worauf möchte ich aufmerksam machen, oder worauf habe ich Angst, aufmerksam zu machen?
Klaue *siehe auch* Haustiere; Tiere, wildlebende	Bedrohliche animalische Instinkte.	Auf die Konfrontation mit welchen Ängsten bereite ich mich vor?
Klebstoff	Verbinden. Reparieren.	Was fügt sich für mich zu einem Bild zusammen?
Kleid *siehe auch* Kleidung	Selbstbild. Weibliches Selbst.	Wer bin ich? Wie weiblich bin ich?
Kleiderschrank *siehe auch* Schrank	Aufbewahrung.	Was möchte ich sicher aufbewahren?
Kleidung *siehe auch* einzelne Stichworte	Identität. Selbstbild. Ausprobieren neuer Rollen oder Ablegen der alten Rollen.	Welchen Teil von mir zeige ich?
· Anzug	Formalität. Berufliche Identität.	Für welche Stärke oder Fähigkeit möchte ich anerkannt werden?

BILD	ASSOZIATIONEN	FRAGESTELLUNG
· Badeanzug	Unbedeckt. Sicher und vertraut.	Welche Gefühle bin ich zu offenbaren bereit?
· BH	Intimes weibliches Selbst.	Wie bringe ich meine Weiblichkeit zum Ausdruck?
· Bikini	Entblößung. Zur Schau stellen. Offenbaren.	Was bin ich zu offenbaren bereit?
· Bluse	Höheres Selbst (im Gegensatz zum niederen Selbst). Emotionen.	Welche Gefühle halte ich für angemessen?
· Brieftasche	Männliche Sicherheit. Ressourcen. Identität.	Welche meiner Einstellungen zum Thema Sicherheit bin ich zu ändern bereit?
· Cape	Dramatisches Schutzgebaren. Phantasie.	Welche Rolle spiele ich?
· Damenslip *siehe auch* Kleidung: Unterwäsche	Intimes Selbst. Sexuelle Identität.	Was fühle ich insgeheim? Was bin ich zu offenbaren bereit?
· Gürtel	Hochhalten. Sichern. Verknüpfen.	Welche Verbindungen bin ich herzustellen bereit?

BILD	ASSOZIATIONEN	FRAGESTELLUNG
· Handtasche	Weibliches Selbst. Gelegentlich auch sexuelle Identität. Sicherheit.	Woran halte ich fest? Welchen Teil von mir weiß ich zu schätzen?
· Haube	Wohlgehütete oder altmodische Auffassungen.	Wo ist meine Sicht beschränkt?
· Helm *siehe auch* Kleidung: Hut	Wohlgehütete Meinungen und Einstellungen.	Welche Gedanken oder Meinungen bin ich zu ändern bereit?
· Hemd	Höheres Selbst (im Gegensatz zum niederen Selbst). Emotionen.	Welche Gefühle halte ich für angemessen?
· Hohe Absätze	Blickfang. Einschränkung. Sexuelle Einladung.	Wie stehe ich zur konventionellen Weiblichkeit?
· Hose *siehe* Kleidung: Rock oder Hose		
· Hut	Meinungen. Gedanken.	Welche Gedanken oder Einstellungen bringe ich ans Licht?
· Jacke	Bewegungsfreiheit. Abenteuer,	Wo in meinem Leben hätte Ich gern mehr Handlungsfreiheit?

BILD	ASSOZIATIONEN	FRAGESTELLUNG
· Jeans	Gemeinsamkeit. Bequemlichkeit. Freiheit.	Wo in meinem Leben fühle ich mich zuhause? Wo würde ich mich gern mehr zuhause fühlen?
· Kappe	Informell. Liberale Meinungen.	Wo in meinem Leben möchte ich toleranter sein?
· Kleid	Selbstbild. Weibliches Selbst.	Wer bin ich? Wie weiblich bin ich?
· Mantel	Schutz. Bedeckung.	Was verberge ich?
· Nachthemd *siehe auch* Kleidung: Kleid; Nacht		
· Overall	Einfachheit. Derbheit. Schutz.	Was verdecke ich? Welche Arbeit fällt mir schwer?
· Rock oder Hose	Niederes Selbst. Leidenschaften.	Welche Signale sende ich aus?
· Schleier	Illusion. Geheimnis.	Was möchte ich verbergen oder zeigen?
· Schuhe	Allgemeine Situation. Erdung.	Wie gut bin ich mit der Welt verbunden?
· Spielanzug	Kindlicher Aspekt des Selbst.	Wo in meinem Leben wünsche ich mir mehr Spiel und Spaß?

BILD	ASSOZIATIONEN	FRAGESTELLUNG
· Stiefel	Kraft der Bewegung. Robustheit.	Nach welchen Formen der Kraft oder Macht suche ich?
· Strandkleid	Bequemes Sich-Zeigen.	Nach welchen Annehmlichkeiten suche ich? Welcher Teil von mir ist bereit, sich zu entspannen?
· Strumpfhose	Formung. Straffung.	Was kann ich aus einer Position der Sicherheit heraus zeigen?
· Umhang	Magischer Schutz. Heimlichkeit.	Welcher Teil von mir ist unsichtbar?
· Uniform	Einheitlichkeit.	Wo in meinem Leben möchte ich mit anderen etwas gemein haben? An welcher Stelle möchte ich die Regeln durchbrechen?
· Unterhose	Intimes oder inneres Selbst.	Was fürchte ich, der Welt zu offenbaren, oder was möchte ich der Welt offenbaren?
· Unterwäsche	Intimes Selbst. Sexuelle Identität.	Was fühle ich insgeheim? Was bin ich zu offenbaren bereit?

BILD	ASSOZIATIONEN	FRAGESTELLUNG
· Wäsche-waschen	Reinigung. Läuterung. Loslassen.	Was muß ich bereinigen? Was ist durch häufige Benutzung schmutzig geworden?
Klein	Nicht so groß wie die anderen. Reduziert. Unbedeutend.	Wo in meinem Leben fühle ich mich klein gemacht? Was bin ich zu reduzieren bereit?
Klempner	Arbeit an der Freisetzung von Emotionen.	Welcher Teil von mir muß durchgängig gemacht oder ersetzt werden?
Klettern	Streben nach Höherem. Mühevolles Wachstum. Errungenschaft.	Was versuche ich zu erreichen?
Klinik	Distanziertes Verhältnis gegenüber der Gesundheit und dem Wohlbefinden.	Welche Verbindungen hindern mich daran, gesund zu sein?
Klippe	Herausforderung. Schwindelnde Höhe.	Wonach strebe ich?
Kloster	Spirituelle Gemeinschaft. Rückzug von weltlichen Belangen.	Wo in meinem Leben sehne ich mich danach, mich mit meinen spirituellen Gleichgesinnten zusammenzutun?

BILD	ASSOZIATIONEN	FRAGESTELLUNG
Knauf	Etwas, das hervor-steht.	Was steht hervor? Was bin ich bereit wahrzunehmen?
Kneipe *siehe auch* Bar	Geselligkeit. Entspan-nung. Sich gehenlas-sen.	Nach welcher Gesell-schaft dürste ich?
Knie *siehe auch* Körperteile	Flexibilität. Demut.	Wo in meinem Leben muß ich mich beu-gen?
Knochen	Struktur. Klarheit. Stütze.	Was stützt mich? Wo suche ich nach Unter-stützung?
Knospe	Hervorbringen.	Was tritt aus meinem Inneren hervor?
Knoten	Bande. Verstrickung. Komplikation. Ein-schränkung. Zusam-menhalten.	Was ist in mir verbun-den? Was will ich ver-binden? Was fürchte ich zu verbinden? Wo sind mir die Hände ge-bunden?
Kobold	Erscheinungsform der Angst.	Welche Ängste bin ich mir anzusehen oder mich damit zu konfrontieren bereit?

Kobra
siehe Schlange

BILD	ASSOZIATIONEN	FRAGESTELLUNG
Kochen	Zubereitung von Nahrung.	Was nähre ich in mir selbst oder in anderen?
Koffer *siehe* Gepäck		
Kohle	Materie im Rohzustand. Wärmequelle. Potentielle Diamanten.	Welche Potentiale trage ich in mir?
Kokain *siehe* Drogen		
Kokon	Entwicklung in geschütztem Umfeld. Sicherheit.	Welcher Teil von mir muß geschützt werden, um wachsen zu können?
Kollege	Zusammenarbeit. Arbeit an Beziehungen.	Inwiefern bin ich bereit, mich kooperativer zu zeigen? Was läuft gut oder schlecht für mich?
Komet	Bote. Erwachen oder Entfesselung von Energie.	Nach welcher Vision suche ich?
Kommune	Kollektive Energie. Sozialisierung. Einheitlicher Glauben.	Was möchte ich zusammenfügen? Wer sind meine Gleichgesinnten?

BILD	ASSOZIATIONEN	FRAGESTELLUNG
Kompost	Fruchtbarer Abfall.	Welche Reichtümer liegen in meiner Vergangenheit begraben?
Kondom	Sexueller Schutz. Albernheit.	Löst Sex in mir ein sicheres oder albernes Gefühl aus?
König	Edler Aspekt der Männlichkeit.	Wo in meinem Leben bin ich bereit, meine männlichen Kräfte zu leben?
Königin	Edler Aspekt der Weiblichkeit.	Wo in meinem Leben bin ich bereit, meine weiblichen Kräfte zu leben?
Konserven-dose	Konservierung. Bewahrung.	Was möchte ich (auf-)bewahren?
Konvent	Spirituelle Gemeinschaft. Rückzug von familiären und weltlichen Belangen.	Welche inneren Bedürfnisse bin ich zu nähren und zu fördern bereit?
Konzentrations-lager	Furcht und Haß gegenüber Andersartigem.	Was ist einzigartig an mir? Was habe ich mit allen anderen gemeinsam?
Konzert	Arbeit an der Harmonie. Zusammenarbeit.	Auf welche Weise will ich mich mit anderen zusammentun?

BILD	ASSOZIATIONEN	FRAGESTELLUNG
Kopf *siehe auch* Körperteile	Intellekt. Verstehen. Etwas Übergeordnetes.	Was bin ich zu verstehen bereit?
Kopfhaut *siehe* Körperteile: Haar, Haut		
Kopfüber	Umkehrung. Verwirrung.	Was möchte ich wieder ins Lot bringen?
Kopiergerät	Wiederholung. Mühelose Reproduktion.	Welche Botschaft will ich in Umlauf bringen?
Korb	Biegsamkeit. Handwerkliche Geschicklichkeit.	Wo in meinem Leben muß ich flexibler sein, um vorwärts kommen zu können?
Körperteile *siehe auch* einzelne Stichworte	Äußere Form der inneren Natur.	Welcher Teil ist wichtig?
· After	Ausscheidung.	Was will ich loswerden?
· Arm	Stärke. Bereitschaft.	Wofür bin ich bereit, oder worauf bereite ich mich vor? Was bin ich zu geben oder zu empfangen bereit?

BILD	ASSOZIATIONEN	FRAGESTELLUNG
• Auge	Sehvermögen. Vision. Bewußtsein. Klarheit.	Wessen bin ich mir bewußt? Wie sehe ich die Welt?
• Augen-wimpern	Schutz des Augenlichts. Verführerische Reize.	Wie deutlich sehe ich? Was kann ich von einer sicheren Warte aus beobachten? Wie zeige ich mich der Welt?
• Bein	Unterstützung. Bewegung.	Was unterstützt mich? Komme ich irgendwohin?
• Brust, Brustkorb *siehe auch* Körperteile: Herz, Lunge	Lebensfülle. Großzügigkeit.	Welche Erfahrung möchte ich voll und ganz auskosten?
• Brust, weibliche	Nähren. Weibliche Sexualität. Mütterliche Liebe.	Was nähre ich? Welcher Teil von mir will geliebt werden?
• Darm	Stärke. Durchhaltevermögen.	Aus welcher Quelle beziehe ich meine Stärke.
• Finger	Sensibilität. Achtsamkeit.	Was berühre ich?
• Fingernägel	Sichere Handhabung. Auffällig oder funktional.	Womit bin ich umzugehen bereit, oder was will ich zu tun vermeiden?

BILD	ASSOZIATIONEN	FRAGESTELLUNG
· Fuß	Erdung. Richtung. Fundamentale Glaubenshaltung.	Wohin gehe ich?
· Fußknöchel	Unterstützung. Richtung.	Wohin bin ich unterwegs?
· Gehirn	Intellekt. Geist. Verstand.	Was bin ich zu verstehen bereit?
· Gesicht	Identität. Ego. Selbstbild.	Wie erscheine ich?
· Haar	Schutz. Attraktivität. Sinnlichkeit.	Was verberge ich? Was trage ich zur Schau?
· Hals	Kommunikation. Kreativität. Vertrauen.	Was bin ich zu hören und zu sagen bereit?
· Hand	Fähigkeit. Kompetenz. Hilfe.	Womit bin ich umzugehen bereit?
· Haut	Oberfläche des Selbst. Sensibilität. Verbundenheit zwischen Innerem und Äußerem.	Was zeigt sich an der Oberfläche?
· Herz	Liebe. Sicherheit.	Wo in meinem Leben bin ich bereit, Liebe zu geben und zu empfangen.

BILD	ASSOZIATIONEN	FRAGESTELLUNG
· Hintern	Demut. Dummheit. Macht.	Bin ich ein Arsch? Was muß ich tun, um mir selbst zu verzeihen?
· Hoden	Yang-Kraft. Männlichkeit.	Welche Kraft bin ich zu zeigen bereit?
· Kiefer	Wille. Unablässige Wut.	Wo in meinem Leben muß ich die dominante Rolle spielen? An welcher Stelle bin ich zum Nachgeben bereit?
· Knie	Flexibilität. Demut.	Wo in meinem Leben muß ich mich beugen?
· Kopf	Intellekt. Verstehen. Etwas Übergeordnetes.	Was bin ich zu verstehen bereit?
· Kopfhaut *siehe* Körperteile: Haut, Haar		
· Lunge	Atmung. Freiheit.	Auf welche Weise bin ich in meinem Leben zur Expansion bereit?
· Magen	Verdauen von Informationen oder Situationen. Verstehen.	Welchen Wert hat meine Erfahrung für mich?

BILD	ASSOZIATIONEN	FRAGESTELLUNG
• Mund	Ernährung. Neue Verhaltensweisen.	Was bin ich in mich aufzunehmen bereit? Was bin ich auszudrücken bereit?
• Muskeln	Kraft. Stärke.	In bezug auf welche Aspekte meines Lebens bin ich bereit, mehr Stärke zu zeigen?
• Nacken	Flexibilität, besonders hinsichtlich des Blickwinkels.	Was kann ich sehen, wenn ich eine kleine Veränderung vornehme?
• Nase	Instinktives Wissen.	Wonach riecht das Ganze für mich? Was weiß ich, ohne es wissen zu können?
• Ohr	Empfänglichkeit.	Wofür bin ich offen? Was bin ich zu hören bereit?
• Penis	Männliche Sexualität. Yang-Kraft.	Wie bringe ich meine Stärke zum Ausdruck?
• Rücken	Unbewußt. »Da hinten«.	Was geschieht hinter meinem Rücken?
• Rückgrat	Unterstützung. Verantwortung.	Was erhält mich aufrecht?

BILD	ASSOZIATIONEN	FRAGESTELLUNG
· Schenkel	Kraft der Bewegung.	Bin ich stark genug, um an mein Ziel zu gelangen?
· Schultern	Stärke oder Bürden.	Was bin ich zu tragen bereit? Welche Last ist mir zu schwer?
· Skelett	Arbeit an den Grundfesten oder der Struktur. Überreste.	Wo in meinem Leben fühle ich mich abgetrennt, oder wo zeigen sich Zerfallserscheinungen?
· Vagina	Weibliche Sexualität. Yin-Empfänglichkeit.	Was empfange ich? Was empfängt mich?
· Zähne	Unabhängigkeit. Macht. Fähigkeit zu nähren und zu kommunizieren.	Wo in meinem Leben fürchte ich mich vor Abhängigkeit? Was möchte ich sagen?
· Zeh	Anfang, besonders einer Bewegung.	Wohin bin ich aufzubrechen bereit?
· Zunge	Geschmacksvergnügen.	Was möchte ich unbedingt probieren?
Kojote *siehe auch* Tiere, wildlebende	Trickser. Schurke. Dieb.	Nach welchen Abenteuern suche ich?

147

BILD	ASSOZIATIONEN	FRAGESTELLUNG
Korridor *siehe auch* Diele	Das Vorüberziehen des Lebens. Ein enger oder geheimer Pfad.	Welche Entscheidungen bin ich bereit, öffentlich zu treffen?
Korsage	Ehrenrobe. Anerkennung.	Welcher Teil von mir verdient oder wünscht sich Anerkennung?
Kostüm *siehe* Verkleidung		
Kot *siehe* Exkremente		
Krabben	Unbedeutender Kleinkram. Geringwertigkeit.	Wo in meinem Leben bin ich bereit, mir selbst mehr Wert beizumessen?
Krank oder Krankheit	Arbeit an Heilung oder Wohlbefinden.	Welcher Teil von mir ist im Begriff, heil zu werden?
Krankenhaus	Heilung. Eingeschlossensein.	Was darf in mir heil werden?
Krankenschwester	Heilende Fürsorge. Mitgefühl.	Welcher Teil von mir will umsorgt sein oder muß für andere sorgen?
Krankenwagen	Rettung. Schnelle Reaktion.	Welcher Teil von mir möchte retten oder gerettet werden?

BILD	ASSOZIATIONEN	FRAGESTELLUNG
Kräuter	Geschmack. Subtilität.	Auf welche Weise versuche ich, mehr Würze in mein Leben zu bringen?
Krebs (Tier)	Harte Schale, weicher Kern.	Bin ich übersensibel?
Krebs (Erkrankung)	Destruktives Wachstum.	Welcher Teil von mir ist außer Kontrolle geraten?
Kreditkarte	Jetzt kaufen, später zahlen. Leichter Zugang zu Ressourcen. Schutz.	Was bin ich wert?
Kreis	Ganzheit. Wiederholung. Unendlichkeit.	Was ist vollendet?
Kreuz	Opfer. Leid. Erlösung.	Was will ich transformieren?
Kreuzung	Wahl einer Richtung.	Wohin will ich gehen?
Kriechen	Regressive Bewegung.	In welchen Bereichen meines Lebens möchte ich mir Zeit lassen?
Krieg	Gewalt. Konflikt.	Welche Teile von mir liegen im Widerstreit?
Krieger *siehe auch* Krieg; Soldat; Veteran	Arbeit an Herausforderungen.	Was bin ich zu wagen oder zu konfrontieren bereit?

BILD	ASSOZIATIONEN	FRAGESTELLUNG
Kristall	Essentielles Selbst. Klarheit. Zentriertheit.	Was ist für mich wesentlich?
Krokodil *siehe* Alligator		
Krone	Majestät. Auserwähltsein.	Welcher Teil von mir sucht nach Anerkennung?
Kronleuchter	Prachtvolle Beleuchtung.	Welches ist meine Vision von Größe?
Kröte *siehe auch* Tiere, wildlebende	Ansteckende Häßlichkeit.	Inwieweit oder warum habe ich meine wahre Schönheit versteckt?
Krücken *siehe auch* Behinderter; Krüppel	Unerträgliche Schwäche.	In welchem Bereich wünsche ich mir mehr Bewegungsfreiheit?
Krüppel *siehe auch* Behinderter	Behindert. Eingeschränktheit.	Was darf in mir heil werden?
Küche *siehe auch* Haus	Ernährung. Produktivität.	Welche Suppe ist am dampfen?
Kuchen	Feier. Mal Belohnung, manchmal Schwäche.	Habe ich eine Belohnung verdient? Kann ich mich gehenlassen?

BILD	ASSOZIATIONEN	FRAGESTELLUNG
Küchen-schrank	Stauraum. Verborgen.	Was möchte ich sicher aufbewahren? Was bin ich zu zeigen bereit?
Kuh *siehe auch* Haustiere	Gefügig und produktiv. Nährender, wenngleich passiver Aspekt des Selbst.	Bin ich passiv? Was nähre ich?
Kühlschrank	Kühlung zur Konservierung.	Was möchte ich (auf-)bewahren?
Ku-Klux-Klan	Geheimterror. Vorurteil.	Mit welchen verborgenen Ängsten oder Werturteilen will ich mich konfrontieren?
Kult	Kritikloser Glaube. Manchmal zwanghafte Überzeugungen.	Wo bin ich bereit, meine Glaubensgrundsätze nicht mehr so eng zu sehen? Welche meiner Glaubensgrundsätze schränken mich ein?
Kunst	Ein Bild der Realität. Wert. Kreativität.	Wie drücke ich mich aus? Was ist mir etwas wert?
Kunstgalerie	Zurschaustellung von Kreativität.	Was gehört mir allein? Was bin ich der Welt zu zeigen bereit?

BILD	ASSOZIATIONEN	FRAGESTELLUNG
Künstler	Arbeit an Kreativität und Originalität.	Welcher Teil von mir ist bereit, zum Ausdruck gebracht zu werden? Was ist einzigartig an mir?
Kunststoff	Künstlichkeit. Billiger Ersatz. Widerstandsfähigkeit.	Was ist das Echte, Wahre?
Küssen *siehe auch* Sexualität	Intimität. Zuneigung. Begrüßung.	Wem oder was möchte ich nahe sein?

BILD	ASSOZIATIONEN	FRAGESTELLUNG
Labor	Erforschung. Distanzierte Untersuchung.	Wonach suche ich?
Labyrinth	Geduldsspiel. Irrgarten.	Welche komplexen Probleme bin ich zu lösen bereit?
Lächeln	Arbeit an Freude oder Leid.	Was macht mich glucklich? Wonach sehne ich mich?
Lachen	Ausdruck der Freude. Heiterkeitsausbruch. Verhöhnung.	Auf welche Weise bin ich bereit, mehr Heiterkeit zuzulassen? Welchen Druck will ich entweichen lassen?
Lager	Aufbewahrung von Ressourcen.	Was bin ich bereit, wegzupacken oder hervorzuholen?
Lagerfeuer *siehe auch* Feuer	Kameradschaft. Geteilte Energie.	Wessen Gesellschaft suche ich?
Lähmung	Widerstand. Keine Veränderung und kein Wachstum.	Auf welchen Schritt bereite ich mich vor?
Land	Natürliche Welt. Raum. Elementare Bedürfnisse und Wünsche.	Bin ich überzivilisiert? Fühle ich mich von Erwartungen eingeengt?

BILD	ASSOZIATIONEN	FRAGESTELLUNG
Länder *siehe auch* Ausland	Andere Realitäten oder Verhaltensweisen.	Welche der Eigenschaften dieses Ortes suche oder finde ich in mir?
Landesteg	Wohlbehaltene Ankunft.	Welche Gefühle habe ich unbeschadet durchlebt?
Landhaus *siehe auch* Haus	Gemütliche, vertraute Heimstatt des Selbst.	Welcher Teil von mir sehnt sich nach Geborgenheit?
Landkarte	Führung. Anweisungen.	Welche Informationen brauche ich für meine Reise?
Landstraße *siehe* Straße		
Last	Erschwernis. Bürde.	Welche Last bin ich abzulegen bereit? Wo in meinem Leben will ich es mir leichter machen?
Lastwagen *siehe auch* Fahrzeuge	Fähigkeit, Lasten zu tragen.	Kann ich die Verantwortung übernehmen?
Lateinamerikaner(in)	Spontaneität. Entspannung. Flüchtigkeit.	Was möchte ich verändern? Welcher Teil von mir ist impulsiv?

BILD	ASSOZIATIONEN	FRAGESTELLUNG
Läufer *siehe* Teppich		
Lawine	Plötzliche Freiset- zung von unterdrück- ten Emotionen mit katastrophaler Folge.	Welche alten Emotio- nen sind im Begriff, sich mit Macht Aus- druck zu verschaffen?
Lebensmittel *siehe auch* Nahrung	Ernährung. Notwen- digkeit.	Was brauche ich, um mich gut versorgt zu fühlen?
Lebensmittel- laden	Versorgungsquelle.	Was bin ich mir selbst zu geben bereit?
Leber	Schlechte Gefühle. Schlappheit.	Wo suche ich Frie- den? Auf welche Wei- se bin ich bereit, Mit- gefühl zu zeigen?
Leer	Ohne Inhalt. Entla- dung.	Was ist weg? Was möchte ich loswer- den?
Lehren *siehe auch* Schule	Arbeit an Wissen oder Kommunika- tion.	Wo in meinem Leben bin ich bereit, meine Weisheit anzuerken- nen oder mit anderen zu teilen?
Lehrer	Lernen. Disziplin.	Was will ich wissen?
Leichen- schänder	Tod bei lebendigem Leibe.	Welcher Teil von mir ist lebensbedrohlich für mich?

BILD	ASSOZIATIONEN	FRAGESTELLUNG
Leine	Kontrolle. Zurück-haltung.	Was führt mich? Woran bin ich gebunden?
Leiter	Nach oben streben.	Wie hoch bin ich zu klettern bereit?
Lesbisch *siehe* homosexuell		
Lesen *siehe auch* Buch; Buchhandlung	Erkundung alternativer Wirklichkeiten oder Flucht aus der Gegenwart.	Welche Welten liegen in mir? Was belastet mich?
Leuchtturm	Selbst-Beleuchtung. Warnung. Führung.	Was muß ich sehen, um einer Gefahr aus dem Weg gehen zu können?
Libelle	Freiheit und Schönheit des Geistes.	Wo in meinem Leben bin ich zum freien Flug bereit?
Licht	Erleuchtung. Vision.	Was bin ich zu sehen bereit?
Liebesaffäre *siehe* Affäre		
Liebhaber(in)	Das idealisierte innere Selbst. Anima. Animus.	Welcher Teil meines Höheren Selbst ist bereit, integriert zu werden?

BILD	ASSOZIATIONEN	FRAGESTELLUNG
Lieferwagen *siehe auch* Fahrzeuge	Praktische Kraft. Nützlichkeit.	Wie verteile ich meine Kraft? Wieviel kann ich tragen?
Lift *siehe* Aufzug		
Lila *siehe* violett		
Limousine *siehe auch* Fahrzeuge	Macht im Überfluß. Extravaganz.	Wo in meinem Leben bin ich bereit, meine Macht in ihrer ganzen Fülle zu zeigen?
Lotterie *siehe auch* Glücksspiel	Chance. Glück. Risiko.	Wo in meinem Leben möchte ich mit kleinem Einsatz großen Gewinn machen?
Löwe *siehe auch* Tiere, wildlebende	Vornehmheit. Stärke. Stolz.	Wo in mir liegt mein Mut?
Luft *siehe auch* Elemente; Wind	Atem. Intelligenz. Verstandeskraft.	Welcher Bereich meines Lebens bedarf der Stimulation?
Lunge *siehe auch* Körperteile	Atmung. Freiheit.	Auf welche Weise bin ich in meinem Leben zur Expansion bereit?
Lust *siehe auch* Sexualität	Leidenschaftliches Besitzenwollen.	Was befriedigt mich? Wo in meinem Leben bin ich unerfüllt?

BILD	ASSOZIATIONEN	FRAGESTELLUNG
Mädchen	Sich entfaltende empfängliche oder Yin-Qualität.	Wo in meinem Leben lerne ich, empfänglich zu sein?
Made *siehe* Wurm		
Magen *siehe auch* Körperteile	Verdauen von Informationen oder Situationen. Verstehen.	Welchen Wert hat meine Erfahrung für mich?
Magier	Arbeit an der Macht über innere und äußere Welten oder Kräfte. Transformation.	Über welche Kräfte bin ich Herr, oder welche Kräfte fürchte ich?
Make-up	Bild. Weibliche Projektion.	Wie zeige ich mich meiner Umwelt?
Malen *siehe auch* Kunst; Künstler	Veränderung. Verschönerung.	Was möchte ich ändern oder verbessern?
Manager	Arbeit an der Organisation.	Inwieweit bin ich zu mehr Effizienz bereit?
Mandala	Die Gesamtheit des Selbst. Ganzheit.	Wo in meinem Leben bin ich bereit, meinem Wesen ganzheitlichen Ausdruck zu verleihen?

manisch *siehe* verrückt; Zorn

BILD	ASSOZIATIONEN	FRAGESTELLUNG
Mann	Yang-Aspekt. Aktiv.	Wo in meinem Leben bin ich zu mehr Selbstbehauptung bereit?
Mantel *siehe auch* Kleidung	Schutz. Bedeckung.	Was verberge ich?
Marine	Beherrschung der Gefühle. Hat gelegentlich einen homosexuellen Unterton.	Welche Emotionen bin ich zu beherrschen bereit?
Maschine	Automatisierung. Vereinfachung. Wiederholung.	Von welcher lästigen Arbeit bin ich mich zu befreien bereit?
Maske	Verkleidung. Persona. Verhaltensweisen.	Was verberge ich? Was zeige ich?
Maskerade *siehe* Verkleidung		
Masturbation *siehe auch* Sexualität	Selbstliebe.	Welchen Teil meines Selbst bin ich zu lieben und zu akzeptieren bereit?
Matrose *siehe auch* Marine	Navigieren in emotionalen Gewässern.	Für welche Gefühle übernehme ich die Verantwortung?

BILD	ASSOZIATIONEN	FRAGESTELLUNG
Maulesel *siehe auch* Haustiere	Sturheit. Eigensinn. Durchhaltevermögen.	Wo in meinem Leben bin ich zum Durchhalten bereit?
Maus *siehe auch* Tiere, wild- lebende	Sanftmütig. Ruhig. Kleinere Probleme. Innere Gefühle. Schüchternheit.	Welche kleinen Sorgen nagen an mir?
Mechaniker	Reparatur. Wiedergutmachung. Arbeit an dem, was Schaden gelitten hat.	Welchen Schaden bin ich wiedergutzumachen bereit?
Medikament	Heilung. Gegengift.	Wo in meinem Leben bin ich bereit, gesund und ganz zu sein?
Medium	Arbeit an der Intuition. Erweitertes Bewußtsein.	Auf welche Weise strebe ich nach grenzenlosem Bewußtsein?
Meer *siehe* Ozean; Wasser		
Meerjungfrau *siehe* Nixe		
Meer- schweinchen *siehe auch* Haustiere	Fruchtbarkeit. Verantwortlichkeit.	Worum lerne ich, mich zu kümmern?

BILD	ASSOZIATIONEN	FRAGESTELLUNG
Menge	Viele verschiedene Alternativen. Wahlmöglichkeiten.	Wofür entscheide ich mich?
Menstruation	Weibliche Kraft. Furcht vor der weiblichen Identität.	Wo bin ich bereit, mehr von meiner natürlichen Kraft zum Ausdruck zu bringen?
Messer	Aggression. Abtrennen. Wut.	Was möchte ich herausschneiden?
Metall	Beständigkeit. Steifheit. Entschlossenheit.	Wo in meinem Leben muß ich meinen Standpunkt wahren?
Mikrophon	Kommunikation.	Wo in meinem Leben bin ich bereit, die Stimme zu erheben und etwas auszusprechen?
Mikrowelle	Beschleunigte Zubereitung.	Warum habe ich es so eilig?
Milch *siehe auch* Nahrung	Mütterliche Liebe. Ernährung. Güte.	Welcher Teil von mir gibt und sucht nach Nahrung?
Militär	Arbeit an der Aggression.	Wo in meinem Leben werde ich bedroht? Was stärkt mich?
Minister	Arbeit am Mitgefühl oder der Fürsorglichkeit.	Wo in meinem Leben bin ich bereit, mehr Verständnis zu zeigen?

BILD	ASSOZIATIONEN	FRAGESTELLUNG
Minotaurus	Verbindung der animalischen und menschlichen Natur.	Wo in meinem Leben ist blinde Impulsivität eine Bedrohung für mich?
Mißbildung	Unerfüllte Erwartung. Enttäuschung.	Welchen Teil meines Selbst bin ich zu akzeptieren und zu lieben bereit? Wo in meinem Leben strebe ich nach Perfektion?
Mißbrauch	Durch Angst ausgelöster Gewaltakt.	Welche Ängste verberge ich hinter meiner Wut?
Mob *siehe auch* Menge	Verlust von Organisation oder Kontrolle.	Wo in meinem Leben bin ich bereit, Herr über meine widerstreitenden Wünsche zu werden?
Möbel *siehe auch* Haus	Identität. Haltungen. Glaubenssätze.	Wie richte ich es mir im Haus meines Selbst ein?
Mobiltelefon	Erreichbarkeit, expansive Kommunikation.	Welche Kommunikation ist von extremer Wichtigkeit für mich?
Mönch	Rückzug. Spirituelles Leben.	Welcher Teil von mir braucht den Rückzug vor den Anforderungen des Lebens?

BILD	ASSOZIATIONEN	FRAGESTELLUNG
Mond	Emotionen. Reflexion. Inneres Selbst.	Welche Gefühle spiegle ich wider?
Monster	Verleugnetes Selbst. Bedrohung.	Was fürchte ich in mir selbst?
Monstrosität	Anormal. Unkonventionell.	Welche einzigartigen Eigenschaften bin ich auszudrücken bereit?
Moos	Stille. Langsames Wachstum.	Wo in meinem Leben bin ich bereit, mehr Geduld zu zeigen?
Mord	Gewalttätiger Abschluß.	Was will ich tun, um irgendeine Sache zu Ende zu bringen?
Motel *siehe* Hotel		
Motorrad *siehe auch* Fahrzeuge	Männlichkeit. Kraft. Sich zur Schau stellen.	Wie »heiß« bin ich? Wo in meinem Leben bin ich bereit, herrschaftlicher aufzutreten?
Müll	Saubermachen und Aufräumen.	Wovon bin ich mich zu trennen bereit?
Müllhalde *siehe auch* Müll; Schrottplatz	Abfälle des Lebens. Beseitigung.	Was brauche ich nicht mehr?

BILD	ASSOZIATIONEN	FRAGESTELLUNG
Mumie	Ehrfurcht vor der Vergangenheit. Alte Weisheit.	Was möchte ich bewahren oder in Erinnerung behalten? Was dauert in mir fort?
Mund *siehe auch* Körperteile	Ernährung. Neue Verhaltensweisen.	Was bin ich in mich aufzunehmen bereit? Was bin ich auszudrücken bereit?
Münzen	Kleiner Wert. Geringfügigkeit.	Was ist in meinem Leben von beträchtlichem Wert? Wo in meinem Leben lasse ich mich von Geringfügigkeiten ablenken?
Muschel	Schutz. Mal einschränkend, mal behütend. Schönheit der Form.	Welche Gefühle muß ich schützen? Welche Strukturen weiß ich zu schätzen?
Musik	Harmonie. Ausdruck.	Was integriere ich gerade?
Muskeln *siehe auch* Körperteile	Kraft. Stärke.	In bezug auf welche Aspekte meines Lebens bin ich bereit, mehr Stärke zu zeigen?

BILD	ASSOZIATIONEN	FRAGESTELLUNG
Muster	Etablierte Ordnung.	Welche Glaubens-grundsätze nehme ich unter die Lupe?
Mutter	Nährung. Lob oder Tadel.	Gegenüber welchem Teil von mir bin ich fürsorglich?

BILD	ASSOZIATIONEN	FRAGESTELLUNG
Nabelschnur	Verbindung zwischen dem alten und dem neuen Selbst.	Wie bin ich mit meinem neu entstehenden Selbst verbunden?
Nachbar	Gemeinsamkeit.	Was ist mir nahe? Was mag ich oder fürchte ich an mir selbst?
Nachbarschaft	Arbeit an der Gemeinschaft.	Wo in meinem Leben bin ich bereit, mit anderen gemeinsame Sache zu machen?
Nacht	Geheimnis. Unbewußte Inhalte. Innere Vision.	Welche Finsternis bin ich zu durchdringen bereit?
Nachtclub *siehe auch* Nacht	Anregung. Unterhaltung.	Welche Aufregungen suche ich?
Nachthemd *siehe auch* Kleidung: Kleid; Nacht		
Nachtisch	Der eigenen Schwäche nachgeben. Belohnung.	Was macht mir Freude? Wo bleiben meine Bedürfnisse unerfüllt?

BILD	ASSOZIATIONEN	FRAGESTELLUNG
Nacken *siehe auch* Körperteile	Flexibilität, besonders hinsichtlich des Blickwinkels.	Was kann ich sehen, wenn ich eine kleine Veränderung vornehme?
Nackt	Entblößt. Verletzlich.	Was dürfen die anderen von mir sehen?
Nackt- schnecke	Faul. Unentwickelt.	Was möchte in mir Form annehmen?
Nadel	Durchstechen.	Wo in meinem Leben bin ich bereit, auf den Punkt zu kommen? Was will ich durchdringen?
Nähen	Zusammenfügen. Reparieren.	Was möchte ich erschaffen oder wiederherstellen?
Nahrung	Ernährung. Sicherheit. Vergnügen oder Gier.	Was nähre ich in mir? Wonach hungere ich?
Narbe	Verheilte Wunde. Unvollständiges Loslassen einer emotionalen Verletzung.	Was bin ich bereit, vollständig heilen zu lassen?
Nase *siehe auch* Körperteile	Instinktives Wissen.	Wonach riecht das Ganze für mich? Was weiß ich, ohne es wissen zu können?

BILD	ASSOZIATIONEN	FRAGESTELLUNG
Nashorn *siehe auch* Tiere, wild- lebende	Blinde Stärke. Panze- rung.	Was bin ich bereit, be- züglich meiner eige- nen Kräfte zu sehen oder zu verstehen?
Nazis	Totalitäre Macht. Sentimentalität.	Welche extremen Re- aktionen bin ich zu korrigieren bereit?
Nebel	Eingeschränkte Sicht. Verwirrung.	Wo in meinem Leben suche ich nach Klar- heit?
Nebenstraßen	Indirekte Annähe- rung.	Wo in meinem Leben wünsche ich mir, ge- radliniger zu sein?
Nest	Sicherheit. Behag- lichkeit.	Wo in meinem Leben suche ich nach Schutz. Was tröstet mich? Was gibt mir ein Gefühl der Behag- lichkeit?
Netz *siehe auch* Spinne	Sicherheit. In der Fal- le sitzen.	Wo in meinem Leben bin ich zur Furchtlo- sigkeit bereit?
Netzwerk	Kommunikation. Ver- netzung. Können.	Was möchte ich kon- trollieren oder verste- hen?
Neun *siehe auch* Zahlen	Verborgener Segen. Vollendung. Mitge- fühl.	Was wird mir offen- bart?

BILD	ASSOZIATIONEN	FRAGESTELLUNG
Nickerchen *siehe auch* schlafen; träumen	Entspannung und Ruhe. Wohlbehagen.	Welcher Teil von mir braucht mehr Ruhe?
Nikolaus	Glauben. Wünsche erfüllt bekommen.	Was glaube ich, mir zu wünschen?
Nilpferd *siehe auch* Tiere, wildlebende	Große Stärke. Verdeckte Gefahr. Größe.	Wie verstecke ich meine Kräfte?
Nixe	Emotionaler Teil der Identität.	Was möchte ich spüren?
Nonne	Rückzug. Spirituelles Leben.	Welcher Teil von mir muß sich von den Anforderungen des Lebens zurückziehen?
Norden	Tod und Transformation. Mühsal.	Was möchte ich um jeden Preis beenden?
Nordpol	Ort der Transformation. Ende der Reise.	Was ist für mich abgeschlossen, vollendet?
Nuß	Essenz. Kern. Reichtum.	Was ist essentiell, um mich zu nähren?
Nutte *siehe* Prostituierte		
Nutzholz *siehe auch* Holz	Baustoff für das Wachstum.	Was baue oder errichte ich?

BILD	ASSOZIATIONEN	FRAGESTELLUNG
Oase	Zufluchtsstätte und Ort der Entspannung.	Wo in meinem Leben suche ich nach einem Heiligtum?
Obdachlosigkeit *siehe auch* Haus	Zu kurz kommen in spiritueller Hinsicht. Mangelnde Sicherheit und Stabilität.	Welche neue Struktur suche ich?
Oben *siehe auch* Höheres	Gipfelpunkt. Auflösung. Perfektion.	Welchen Punkt habe ich erreicht?
Oben ohne *siehe auch* Brust, weibliche	Entblößung. Einladung.	Wie trage ich Liebe zur Schau?
Obenauftreiben	Mühelosigkeit. Auftrieb.	Welche Gefühle halten mich über Wasser?
Obst	Frucht. Hervorgebrachtes.	Was bin ich zu ernten bereit?
Ochse *siehe auch* Haustiere	Last. Stärke. Dummheit.	Inwieweit zweifle ich an meiner eigenen Stärke? Was gibt mir das Gefühl, dumm zu sein?
Ofen	Wärme. Hitze. Nahrung. Behaglichkeit.	Was wärmt mich? Was ist eine Quelle der Sicherheit oder Behaglichkeit für mich?
Offen	Möglichkeiten. Vorhandenes Potential.	Welche Wahl bin ich zu treffen bereit?

BILD	ASSOZIATIONEN	FRAGESTELLUNG
Ohr *siehe auch* Körperteile	Empfänglichkeit.	Wofür bin ich offen? Was bin ich bereit zu hören?
Öl	Schlüpfrigkeit. Glitschigkeit.	Was möchte ich aus dem Zustand des Fest- gefahrenseins befrei- en? An welcher Stelle wünsche ich mir mehr Bewegungsfreiheit?
Ölig	Aalglatt. Krieche- risch.	Wo in meinem Leben bin ich bereit, direk- ter zu sein?
Oper	Ausgefeilte oder komplexe Form. Epos.	Wo in meinem Leben strebe ich nach Grö- ße und Erhabenheit?
Operation	Arbeit an der Hei- lung.	Welcher Teil von mir will es sich gutgehen lassen?
Opossum *siehe auch* Tiere, wild- lebende	Sich totstellen.	Was bedroht mich? Wo bin ich bereit, zum Leben zu erwa- chen?
Orakel	Prophezeiung. Mehr- deutigkeit. Rätsel.	Was wird mir langsam klar? Welches Rätsel kann ich lösen?
Oralverkehr *siehe auch* Sexualität	Befriedigung. Lust.	Welcher Teil von mir möchte Befriedigung geben oder nehmen?

BILD	ASSOZIATIONEN	FRAGESTELLUNG
Orange *siehe auch* Farben	Emotion. Stimulation. Heilung.	Was fühle ich?
Orchidee	Exotische Pracht.	Was ist an mir von einzigartiger Schönheit? Inwiefern unterscheide ich mich von anderen?
Orgasmus *siehe auch* Sexualität	Erfüllung.	Was ist für mich vollendet?
Orgie *siehe auch* Sexualität	Wahllose Vereinigung.	Wo in meinem Leben bin ich bereit, die Einheit von allem zu erfahren?
Orientalisch *siehe auch* Osten	Östliche Weisheit. Verschlagenheit.	Wo in meinem Leben darf sich Weisheit entwickeln?
Osten	Anfang. Alte Wahrheit.	Wohin bin ich unterwegs?
Overall *siehe auch* Kleidung	Einfachheit. Derbheit. Schutz.	Was verdecke ich? Welche Arbeit fällt mir schwer?
Ozean *siehe auch* Wasser	Gefühl der Weite und der Grenzenlosigkeit. Manchmal überwältigende Emotionen. Reich an überschäumendem Leben.	Welcher Teil von mir steht mit einer derartigen Weite in Verbindung?

BILD	ASSOZIATIONEN	FRAGESTELLUNG
Packen	Reisevorbereitung. Sortieren oder verstauen von alten Gedanken und Vorstellungen.	Was möchte ich mitnehmen und was zurücklassen?
Paket	Erwartung. Geheimnis.	Wonach suche ich? Was fürchte ich zu finden?
Palast *siehe auch* Haus	Potentielles Königreich des Selbst.	Wie kann ich mein ganzes Potential entfalten?
Pan *siehe auch* Satyr	Göttlichkeit der Natur. Entfesselung.	Mit welchen elementaren Aspekten meines Wesens arrangiere ich mich?
Panther *siehe auch* Tiere, wildlebende	Wilde Schönheit. Anmut.	Welche Kraft will ich entfesseln oder fürchte ich zu entfesseln?
Panzer	Panzerung. Destruktiver Schutz. Mobile Bedrohung.	Was ist gefährlich an meiner Art, meine Macht auszudrücken?
Papagei	Ahmt alles nach. Humorvoll. Exotisch.	Wo in meinem Leben fehlt es mir an Originalität?
Parade	Spielerische Zurschaustellung. Wahlmöglichkeiten.	Welcher Teil von mir will gesehen werden?

BILD	ASSOZIATIONEN	FRAGESTELLUNG
Paradies *siehe* Himmel		
Parasit	Arbeit an der Unabhängigkeit.	Inwieweit bin ich bereit, allein zurechtzukommen?
Parfum	Luxus. Schwelgen. Balsam.	Was gibt mir ein Gefühl der Zufriedenheit? Wo in meinem Leben strebe ich nach mehr Vergnügen?
Party	Feierlichkeit. Festlichkeit.	Was bin ich zu feiern bereit?
Paß	Bewegungsfreiheit. Identität.	Welcher Teil von mir will sich neue Räume erschließen?
Pelz	Schutz. Wärme. Luxus. Status.	Womit decke ich mich zu?
Penis *siehe auch* Körperteile	Männliche Sexualität. Yang-Kraft.	Wie bringe ich meine Stärke zum Ausdruck?
Penner *siehe auch* Stadtstreicher	Versager. Ausgestoßener. Kontrollverlust.	Wo habe ich das Gefühl, die Kontrolle über mein Leben zu verlieren?
Periode *siehe* Menstruation		

BILD	ASSOZIATIONEN	FRAGESTELLUNG
Perle *siehe auch* Edelstein	Reinheit. Schatz. Störendes in Schönes verwandeln.	Was schätze ich? Auf welchem Wege entsteht es?
Pfad	Die Richtung des Lebens.	Was empfinde ich über den Weg, den ich gewählt habe?
Pfanne	Grundausstattung. Gerät.	Was will ich vor- bzw. zubereiten?
Pfau	Stolz und Eitelkeit. Zurschaustellung.	Was möchte ich sehen lassen oder bewundert wissen?
Pfeil	Ins Ziel treffen. Der Pfeil des Amor. Schmerzliche Erkenntnis.	Worum geht es? Was trifft ins Schwarze?
Pferd *siehe auch* Fahrzeuge; Haustiere	Schnell. In der Regel elegant. Gefühl eines entwickelten Bewußtseins. Manchmal auch unausgedrückte Sexualität.	Wie empfinde ich meine eigene Macht? Welche natürlichen Kräfte verdränge ich oder drücke ich aus?
Pferd, fliegendes oder geflügeltes *siehe auch* Haustiere	Aufstrebendes Bewußtsein. Grenzenlosigkeit des Selbst.	Welcher Teil von mir ist zu einem Höhenflug bereit?
Pflanzen	Natur. Natürlicher Prozeß. Fruchtbarkeit.	Was wächst in mir heran?

BILD	ASSOZIATIONEN	FRAGESTELLUNG
Pfote *siehe auch* Haustiere; Tiere, wildlebende	Handhabung von animalischen Instinkten.	Wo in meinem Leben bin ich bereit, meiner Intuition zu vertrauen?
Pfütze *siehe auch* Wasser	Unbedeutende, aber trotzdem unangenehme Emotionen.	Welche kleinere Unstimmigkeit spüre ich?
Pharao	Absolute Autorität. Vereinigung des Menschlichen mit dem Göttlichen.	Welche Form der Autorität fürchte ich in mir? Oder welcher vertraue ich?
Phönix	Wiedergeburt. Erneuerung. Unsterblichkeit.	Welcher Teil von mir kann niemals sterben?
Pickel	Häßlichkeit. Kleine Wutausbrüche.	Inwieweit bin ich bereit, weniger empfindlich zu sein?
Picknick	Sich nähren in einer Stimmung der Leichtigkeit.	Wo in meinem Leben bin ich bereit, die Dinge leichter zu nehmen?
Pillen	Hilfe. Linderung. Medikament.	Was brauche ich, um mich besser zu fühlen?
Pilot	Arbeit an Bewegungsfreiheit und Veränderung.	Welches Ziel beeile ich mich zu erreichen?

176

BILD	ASSOZIATIONEN	FRAGESTELLUNG
Pinkeln *siehe* urinieren		
Pirat	Gesetzloser. Ablehnung von sozialen Regeln und Verpflichtungen.	Welche Regeln lehne ich ab? Inwieweit fühle ich mich von der Gesellschaft eingeengt?
Planeten	Kosmische Harmonie und kosmischer Einfluß. Himmlische Ordnung.	Bin ich in Harmonie oder Disharmonie mit den himmlischen Mächten?
Plüschtier *siehe auch* Haustiere	Spielerische Beziehung zur natürlichen Welt. Befreiung aus der Verantwortlichkeit.	Wo in meinem Leben wünsche ich mir mehr Vergnügen?
Podest	Unterstützung. Wichtigtuerei. Zurschaustellung. Bewunderung.	Was will ich zur Schau stellen oder fürchte ich, zur Schau zu stellen? Zu wem schaue ich auf?
Podium	Position. Bühne.	Was möchte ich dar- oder vorstellen?
Poesie	Quintessenz des Seins.	Was ist für mich essentiell?
Politiker	Arbeit an der Strategie. Parteiergreifung. Manipulation.	Auf wessen Seite stehe ich? Wo will ich gewinnen?

BILD	ASSOZIATIONEN	FRAGESTELLUNG
Polizei	Arbeit an Ordnung oder Kontrolle.	Wo in meinem Leben strebe ich nach Ordnung oder fürchte ich Kontrolle?
Pornographie *siehe auch* Sexualität	Streben nach Intimität. Anonymer Sex.	Welchen Teil meines Selbst fürchte ich zu offenbaren?
Porzellan *siehe* Geschirr		
Post	Nachricht. Führung.	Was will ich hören oder erfahren?
Postbote	Arbeit an der Kommunikation.	Was will ich hören oder sagen?
Postkutsche	Abenteuerliche Reise.	Inwieweit suche ich auf meinem Weg nach Spannung und Abenteuer?
Präsident	Führung oder mangelnde Führung.	Wo in meinem Leben bin ich bereit oder zögere ich, die Führung zu übernehmen?
Preßlufthammer	Aufbrechen alter Strukturen.	Welchen Kurswechsel bin ich bereit vorzunehmen?
Priester	Arbeit am spirituellen oder religiösen Heil. Loslassen.	Was bin ich zu vergeben bereit.

BILD	ASSOZIATIONEN	FRAGESTELLUNG
Prinz	Edler Aspekt des Selbst. Kultivierte Männlichkeit.	Was bewundere ich an oder suche ich in Männern oder mir selbst?
Prinzessin	Edler Aspekt des Selbst. Kultivierte Weiblichkeit.	Was bewundere ich an oder suche ich in Frauen oder mir selbst?
Projekt	Ziel. Zweck.	Was bin ich zu vollbringen bereit?
Promenade	Zentrale Ressourcen. Gemeinschaft. Konsum.	Welche Bedürfnisse oder Wünsche habe ich mit anderen gemein?
Prostituierte	Im negativen Sinne: Mißbrauch der Sexualität; im positiven Sinne: sexuelle Heilung.	Was brauche ich, um eine gesunde Sexualität leben zu können?
Prozeß	Prüfung. Auflösung eines Konflikts.	Worum geht es?
Prozession siehe auch Parade	Zeremonieller Marsch. Pomp.	Welche Glaubensgrundsätze bin ich bereit zu formalisieren oder einzuhalten?
Psychokinese	Beherrschung der Materie durch die Macht des Bewußtseins.	Auf welche Weise bin ich bereit, Herrschaft über die Welt zu übernehmen?

BILD	ASSOZIATIONEN	FRAGESTELLUNG
Punks	Entfremdung. Protest.	Welcher Teil von mir sehnt sich nach mehr Liebe und Aufmerksamkeit?
Puppe	Einübung von Beziehungsmustern.	In welchem Bereich meines Lebens bin ich bereit, mehr Fürsorglichkeit an den Tag zu legen?
Putzen	Wiederherstellung der Ordnung. Läuterung. Erhaltung und Pflege.	Worum kümmere ich mich, oder was stelle ich wieder her?
Pyramide	Kommunikation mit dem höheren Bewußtsein. Altes Wissen.	Welche höheren Bewußtseinsebenen will ich erreichen?

BILD	ASSOZIATIONEN	FRAGESTELLUNG
Quadrat *siehe auch* vier	Stabilität. Materie. Stärke. Plötzliche Veränderung.	Was ist in meinem Leben sicher? An welchen Stellen gerät meine Stabilität ins Wanken?
Qualle	Rückgratlos. Passive Aggression.	Wo in meinem Leben bin ich bereit, mir kraftvolleren Ausdruck zu verschaffen?
Quecksilber	Lebhaftigkeit. Unbeständigkeit.	Welcher Teil von mir sehnt sich nach Stabilität? Wo in meinem Leben fühle ich mich festgefahren?
Quelle *siehe auch* Wasser	Ursprung. Anfang.	Wo in meinem Leben verleihe ich meinen Gefühlen auf neue Weise Ausdruck?

BILD	ASSOZIATIONEN	FRAGESTELLUNG
Rabe	Magie. Omen. Klugheit.	Wie lautet die Botschaft?
Rad	Wiederholung. Gesamtheit.	Was bewegt mich hin zur Vollendung?
Radio	Kommunikation.	Was bin ich zu hören oder zu sagen bereit?
Rakete *siehe auch* Raumschiff; Weltraum	Ausbrechen aus der physischen Beschränktheit. Erkundung der inneren Räume.	Welche Begrenzungen bin ich zu überwinden bereit?
Rasierapparat	Geschliffen. Scharf. Kante.	Was will ich abschneiden oder glätten?
Ratte *siehe auch* Tiere, wildlebende	Kennt sich in der Großstadt aus. Clever. Hinterhältig. Wenig vertrauenswürdig.	Wo in meinem Leben habe ich Angst vor Verrat? Kann ich mir selbst trauen?
Raub *siehe* Diebstahl		
Rauch oder rauchen *siehe auch* Zigarette	Eingeschränkte Sicht. Rückstand. Schwaden.	Was ist verborgen? Was möchte ich verstecken?
Raumschiff *siehe auch* Rakete; Weltraum	Erkundung von Bewußtseinssphären oder inneren Reichen. Überwindung physischer Grenzen.	Mit welchen höheren Bewußtseinsebenen will ich in Verbindung treten?

BILD	ASSOZIATIONEN	FRAGESTELLUNG
Rechnung	Fällige Zahlung.	Wofür muß ich bezahlen?
Rechtsanwalt	Verteidigung. Konfliktlösung.	Wo in meinem Leben brauche ich Hilfe? Welche Probleme bin ich zu lösen bereit?
Regen *siehe auch* Wasser	Freisetzung von Emotionen. Mal sanft und wohltuend, mal dramatisch und bedrohlich.	Welche Gefühle strömen auf mich ein?
Regenbogen	Verheißung. Sichtbarer Segen.	Was macht mir Mut? Wo erwarte ich das Glück zu finden?
Regenschirm	Schutz vor emotionaler Überschüttung.	Was strömt auf mich ein?
Regierung	Verwaltung. Vorschriften. Kontrolle. Versorger.	Wo in meinem Leben habe ich das Gefühl, kontrolliert oder versorgt zu werden?
Reich oder Reichtümer	Wert. Sicherheit.	Was will ich oder fürchte ich zu besitzen?
Reifen *siehe auch* Fahrzeuge	Kissen. Auffangen von Stößen.	Wo in meinem Leben muß ich mir den Weg ebnen?

BILD	ASSOZIATIONEN	FRAGESTELLUNG
Reisen *siehe auch* Fahrzeuge	Übergang von einer Lebensart oder Verhaltensweise zu einer anderen.	Wohin bin ich unterwegs? Wohin will ich gelangen?
Rennen	Schnelle Bewegung. Flucht. Freude an körperlicher Betätigung.	Was bewegt mich?
Reparieren	Arbeit an etwas, das Schaden gelitten hat.	Welchen Schaden bin ich zu reparieren bereit?
Restaurant	Ort des Nährens. Wahlmöglichkeiten.	Was möchte ich bestellen?
Rezept	Formel. Muster.	Was lerne ich zu tun oder zu produzieren?
Richter	Fällen einer Entscheidung. Weisheit oder Verurteilung.	Welche Entscheidung bin ich zu treffen bereit? Welcher Teil von mir ist klug und weise?
Riff *siehe auch* Wasser	Gefahr oder Sicherheit vor verborgenen Emotionen.	Was verbirgt sich hinter meinen Gefühlen?
Rinde *siehe auch* Baum; Haut	Äußere Hülle. Schutz.	Wie kann ich das rechte Maß zwischen übermäßiger Sensibilität und Gefühllosigkeit finden?

BILD	ASSOZIATIONEN	FRAGESTELLUNG
Ring	Gelöbnis. Verpflichtung. Versprechen.	Womit will ich mich vereinigen?
Ringen	Arbeit an Stärke und Durchhaltevermögen.	Was versuche ich zu verstehen oder zu kontrollieren?
Roboter	Mechanischer Aspekt des Selbst.	Welche Freiheiten strebe ich an?
Rock *siehe auch* Kleidung	Niederes Selbst. Leidenschaften.	Welche Signale sende ich aus?
Rodeo	Zurschaustellung von Fähigkeiten. Herrschaft des Menschen über die animalischen Kräfte.	Wo bin ich bereit, meine Fähigkeiten zur Beherrschung ungezügelter Kräfte offen zu zeigen?
Rohrreiniger *siehe* Klempner		
Rohrverlegung *siehe* Klempner		
Rollschuhe	Schnelles, müheloses Fortkommen. Nervenkitzel.	Welche neue Freiheit reizt mich?
Röntgenstrahlen	Ins Innere schauen. Gefährliche Energien.	Was liegt im Inneren? Was fürchte ich zu entdecken, wenn ich unter die Oberfläche schaue?

BILD	ASSOZIATIONEN	FRAGESTELLUNG
Rosa *siehe auch* Farben	Zuneigung. Liebe.	Wovon fühle ich mich angesprochen?
Rose	Güte. Ganzheit. Inte- gration.	Was fügt sich in mir zusammen?
Rosenkranz	Hingabe. Frömmig- keit.	Was bete ich an?
Rot *siehe auch* Farben	Energie. Kraft. Leidenschaft.	Aus welcher Quelle schöpfe ich meine Energie oder Kraft?
Rothaarig *siehe auch* blond; brünett	Temperamentvoll. Dramatisch. Spon- tan.	Wo in meinem Leben sehne ich mich nach mehr Vitalität?
Rubin	Leidenschaftliches Bewußtsein. Intensi- tät. Heiliges Blut.	Was berührt mich tief in meinem Inneren?
Rücken *siehe auch* Körperteile	Unbewußt. »Da hin- ten«.	Was geschieht hinter meinem Rücken?
Rückgrat *siehe auch* Körperteile	Unterstützung. Ver- antwortung.	Was erhält mich auf- recht?

BILD	ASSOZIATIONEN	FRAGESTELLUNG
Rucksack	Tragbare Meinungen. Leicht zu tragende Verantwortung. Überleben.	Was trage ich mühelos? Sind meine Glaubensgrundsätze tragbar?
Rucksackreisen *siehe auch* Camping	Arbeit an der Autarkie.	Worauf kann ich verzichten? Was muß ich dabeihaben, um überleben zu können?

BILD	ASSOZIATIONEN	FRAGESTELLUNG
Sabbern *siehe* Geifern		
Sadomaso- chismus *siehe auch* Sexualität	Kontrolle von Lei- denschaften oder Instinkten.	Inwieweit habe ich das Gefühl, über Schmerzen Kontrolle ausüben zu können?
Säge	Abschneiden. Trennen.	Was forme ich?
Salz	Würze. Geschmack. Intensivierung.	Welchem Teil meines Lebens will ich mehr Würze geben?
Samen *siehe auch* Sexualität	Yang-Aspekt der Fruchtbarkeit. Potenz.	Was bringe ich ins Sein?
Samenerguß, vorzeitiger *siehe auch* Sexualität	Schlechtes Timing. Kontrollverlust.	Welche Gefühle über- mannen mich?
Samenkörner	Anfang. Quelle des höheren Seins.	Was will ich ent- wickeln, oder wo will ich mich ent- wickeln?
Samt	Weichheit. Luxus.	Was ist mir zu hart? Wo in meinem Leben bin ich verletz- lich?

BILD	ASSOZIATIONEN	FRAGESTELLUNG
Samurai	Arbeit an der Loyalität. Ehre.	Welcher Sache bin ich verpflichtet? Schränken mich meine Pflichten ein?
Sand	Öde. Unermeßlichkeit.	Was in mir ist ewig? Was behindert mich in meinem Wachstum?
Sanddüne *siehe* Düne		
Sandkasten	Spielerisches Bauen.	Welche neuen Formen nehme ich allzu ernst?
Sandpapier	Schleifend. Scheuernd. Rauh.	Welche rauhe Stelle möchte ich glätten?
Sarg	Beinhaltet das Ende.	Was bin ich zu begraben bereit?
Satellit	Botschaft. Expansion durch Technologie.	Welche fernen Botschaften bin ich zu hören bereit?
Satyr *siehe auch* Mensch; Ziege	Arbeit an der Vereinigung zwischen Intellekt und animalischer Leidenschaft.	Wo in meinem Leben integriere ich Körper und Geist? Inwieweit suche ich nach sexueller Freiheit?
Schachtel	Umhüllen. Beinhalten. Aufbewahren.	Was möchte ich sicher aufbewahren?

BILD	ASSOZIATIONEN	FRAGESTELLUNG
Schaf *siehe auch* Haustiere	Konformismus.	Wem oder was laufe ich hinterher?
Schamane	Beeinflussung der Realität.	Welchen Teil meiner Welt bin ich im Be- griff zu verändern?
Schatten	Verborgen. Dunkle Seite eines Bildes.	Was bin ich bereit zu erhellen?
Schatz	Erfüllung. Integration. Materielle oder spiri- tuelle Entlohnung.	Was brauche ich, um mich ganz zu fühlen?
Schaufel	Ausgraben. Pflanzen.	Was grabe ich aus?
Schau- spieler(in) oder schau- spielern	Rolle. Wunsch nach Anerkennung.	Welche Rolle spiele ich? Habe ich das Ge- fühl, zu wenig Aner- kennung zu bekom- men?
Scheck *siehe auch* Scheckbuch	Leicht zugängliche Ressourcen. Sicher- heit.	Wie schütze ich mei- ne Ressourcen?
Scheckbuch *siehe auch* Scheck	Zur Verfügung ste- hende Ressourcen. Frei verfügbares Geld.	Welche Mittel stehen mir zur Verfügung?
Schenkel *siehe auch* Körperteile	Kraft der Bewegung.	Bin ich stark genug, um an mein Ziel zu ge- langen?

BILD	ASSOZIATIONEN	FRAGESTELLUNG
Schere	Weibliche Waffe. Trennung.	Was möchte ich ausschneiden?
Scheune	Lager. Heimstätte der animalischen Natur.	Welcher Teil von mir sehnt sich nach Versorgung oder Sicherheit?
Schießen	Zerstörung von Aspekten des Selbst.	Was will ich loswerden?
Schiffswrack *siehe* Boot; Zusammenstoß		
Schildkröte *siehe auch* Tiere, wildlebende	Schutz. Ausdauer.	Wo in meinem Leben fühle ich mich sicher, wenn ich mir Zeit lasse?
Schlachthof	Opfertod.	Welcher Teil von mir stirbt, damit der Rest weiterleben kann?
Schlafen	Bewußtlosigkeit. Tiefe Entspannung und Ruhe.	Welcher Teil von mir ist bereit, wach zu werden?
Schlafmittel	Vergessen. Flucht.	Was regt mich zu sehr auf oder überbeansprucht mich?
Schlafsack	Zuflucht. Wärme. Schutz.	Welchen Teil meines Unbewußten will ich sicher erkunden?

BILD	ASSOZIATIONEN	FRAGESTELLUNG
Schlafzimmer *siehe auch* Haus	Privatsphäre. Ruhe. Intimität.	Welches ist meine innere Realität?
Schlaganfall	Verweigerung von Veränderungen.	Wo in meinem Leben bin ich bereit, Kontrolle abzugeben?
Schlagen	Arbeit an kindlicher Wut.	Welcher Teil von mir will erwachsen werden?
Schlamm *siehe auch* Wasser	Unangenehme Gefühle. Fruchtbarkeit. Festgefahrensein.	Mit welchen Emotionen bin ich aufzuräumen bereit? Was wächst?
Schlange *siehe auch* Tiere, wildlebende	Energie. Die Schlangenkraft der Kundalini. Sexualität.	Welche Energie bin ich bereit auszudrücken oder zu verstehen?
Schlauch *siehe auch* Wasser	Flexibilität. Fluß der Emotionen.	Wie gut klappt der Austausch mit meinen Gefühlen?
Schleier *siehe auch* Kleidung	Illusion. Geheimnis.	Was möchte ich verbergen oder zeigen?
Schleim	Unreine Emotionen.	Welche Gefühle bin ich zu läutern bereit?

BILD	ASSOZIATIONEN	FRAGESTELLUNG
Schloß	Sicherheit. Einge-schlossensein.	Was bin ich bereit of-fenzulegen oder weg-zustecken?
Schlucht	Kanal im Fluß des Bewußtseins. Durch-gang.	Welche Gefühle durchströmen mich?
Schlüssel	Lösung. Zugang.	Welches Problem bin ich zu lösen bereit?
Schmelzen *siehe auch* Wasser	Loslassen.	Welche alten Struktu-ren bin ich aufzulö-sen bereit?
Schmerz	Konflikt. Problem. Leid.	Was tut mir weh? Wel-che Teile meines Selbst verleugne ich?
Schmetterling	Schönheit. Freiheit. Transformation.	In was möchte ich mich verwandeln?
Schmuck	Zurschaustellung. Wohlstand. Status.	Welchen Wert habe ich? Wie zeige ich ihn?
Schmuggeln	Arbeit an Besitz oder Kontrolle.	Was ist mir verwehrt geblieben? Was wür-de ich gern besitzen?
Schmutz *siehe auch* Erde	Im negativen Sinne: unrein. Im positiven Sinne: fruchtbar.	Was muß ich (be-)rei-nigen? Welcher Teil von mir will wachsen?

BILD	ASSOZIATIONEN	FRAGESTELLUNG
Schnee	Reinheit. Emotionen im Schwebezustand. Klarheit. Ende und Neubeginn.	Was ist vorbei? Wo in meinem Leben wünsche ich mir einen Neuanfang?
Schnitt-verletzung *siehe* Wunde		
Schnur	Zusammenfügen. Zurückhalten.	Was möchte ich aneinanderbinden? Was beengt mich?
Schock	Plötzliches Erwachen. Erleuchtung.	Was versetzt mich in helle Aufregung? Welche Erkenntnis elektrisiert mich?
Schokolade	Belohnung. Nascherei. Vergnügen.	Inwieweit will ich mich gehenlassen oder habe ich Angst davor, mich gehenzulassen?
Schoßtier *siehe auch* Haustiere	Bemühen um Selbstliebe.	Welcher Teil meines Selbst ist mir wichtig?
Schrank	Bewahrung einer Idee oder der Identität.	Was habe ich weggesteckt?
Schraube	Starke Verbindung.	Was füge ich zusammen?

BILD	ASSOZIATIONEN	FRAGESTELLUNG
Schrauben-zieher	Arbeit an Verbindungen.	Was will ich zusammenfügen?
Schreiben	Ausdruck des Selbst. Aufzeichnen von Erfahrungen.	Was möchte ich in die Akten aufnehmen?
Schreibtisch	Organisation. Sich an die Arbeit machen.	Was bin ich zu leisten bereit?
Schreien	Freisetzen von Emotionen.	Was muß ich mit Gewalt zum Ausdruck bringen?
Schrein *siehe auch* Tempel	Erhabener Teil des Selbst.	Welcher Teil von mir ist wertvoll? Was verehre ich in mir selbst?
Schrotflinte *siehe auch* Gewehr	Weitgestreute Gewalt.	Welche Zerstörung verbreitet sich in meinem Umfeld?
Schrott oder Schrottplatz	Verworfene Ideen, Einstellungen, Glaubenssätze.	Welche Werte birgt die Vergangenheit für mich?
Schrumpfen	Untauglichkeit. Zu klein.	Wo in meinem Leben – oder durch wen – fühle ich mich klein gemacht?
Schuhe *siehe auch* Kleidung	Allgemeine Situation. Erdung.	Wie gut bin ich mit der Welt verbunden?

BILD	ASSOZIATIONEN	FRAGESTELLUNG
Schuld oder schuldig	Urteil.	Was bin ich mir oder anderen zu vergeben bereit?
Schule	Ausbildung. Disziplin.	Was muß ich lernen? Was habe ich schon gelernt, so daß ich mich nicht mehr damit zu befassen brauche?
Schultern *siehe auch* Körperteile	Stärke oder Bürden.	Was bin ich zu tragen bereit? Welche Last ist mir zu schwer?
Schutt *siehe* Trümmer		
Schutzschild	Schutz. Sicherheit. Verteidigung.	Wo in meinem Leben bin ich bereit, mich verletzlicher zu zeigen?
Schwangerschaft	Neues Leben. Fruchtbarkeit.	Wo bin ich dabei, etwas hervorzubringen?
Schwarz *siehe auch* Farben	Isolation. Begrenzung. Trennung. Innenschau. Übergangsfarbe.	Wovon schneide ich mich ab?
Schwein *siehe auch* Haustiere	Gierig. Schlau. Mal unsauber, mal penibel.	Raffe ich mehr Dinge zusammen, als ich brauchen oder verwenden kann? Habe ich mein eigenes Chaos in Ordnung gebracht?

BILD	ASSOZIATIONEN	FRAGESTELLUNG
Schwellung	Außer Kontrolle geratene Expansion.	Welchen Druck bin ich bereit zu lösen?
Schwert *siehe auch* Waffe	Abschneiden, besonders Vergangenes oder Falsches.	Von welchen alten Vorstellungen oder Glaubenssätzen bin ich bereit mich zu trennen?
Schwester	Weiblicher Aspekt des Selbst. Kameradschaft.	Was bewundere oder fürchte ich an mir selbst?
Schwimmbad *siehe auch* Wasser	Das Wasser der Gefühle, gefangen in einem menschlichen Konstrukt. Sicherheit.	Welche Gefühle möchte ich hinter sicheren Mauern wissen?
Schwimmen *siehe auch* Wasser	Bewegung durch Gefühle hindurch; oftmals von einem Erfolgsgefühl begleitet. Emotionen als Umfeld.	Welcher emotionale Zustand schenkt mir tiefe Befriedigung? Nach welcher emotionalen Unterstützung suche ich?
Schwul *siehe* homosexuell		
Sechs *siehe auch* Zahlen	Expansion. Organisation Harmonie. Häuslichkeit.	Welche Verpflichtungen bin ich zu übernehmen bereit?

BILD	ASSOZIATIONEN	FRAGESTELLUNG
See *siehe auch* Wasser	Zurückgehaltene Emotionen. Häufig ein Gefühl der Ruhe und des Friedens.	Welche Gefühle kann ich leicht in mir bewahren?
Seehund *siehe auch* Tiere, wildlebende	Komische Ader. Spielerische Leichtigkeit.	Wo in meinem Leben strebe ich nach mehr Spiel und Spaß?
Seekrank	Emotionen, von denen es einem übel wird.	Welche Gefühle bin ich bereit, über Bord gehen zu lassen?
Seelöwe *siehe* Walroß		
Seetang	Wachstum im Bereich der Emotionen. Kann nähren oder erdrosseln.	Was entwickelt sich in meinem Meer der Gefühle?
Seife	Reinigung. Läuterung.	Muß ich mich von irgend etwas reinwaschen?
Seifenblase	Hochfliegend. Loslassen. Unrealistische Erwartungen.	Wo in meinem Leben bin ich zu einem Höhenflug bereit? Wo befürchte ich, daß sich meine Erwartungen nicht erfüllen?

BILD	ASSOZIATIONEN	FRAGESTELLUNG
Seil	Verbindung. Einschränkung.	Was will ich zusammenfügen oder unter Kontrolle bringen?
Sekretär(in)	Organisation. Ordnung. Hilfe.	Wo in meinem Leben muß ich mich organisieren?
Selbstmord	Selbstzerstörung. Einen Teil des Selbst aufgeben.	Welcher Teil von mir muß gehen? Was will ich nicht mehr mitmachen?
Selbstverteidigung	Arbeit an der Wut.	Nach welcher inneren Stärke suche ich?
Selbstzerstörung	Brennender Schmerz.	Was muß ich zerstören, um mich lebendig zu fühlen?
Seminar	Prozeß. Selbsterfahrung.	Welche Fähigkeiten will ich entwickeln?
Senil	Arbeit an nachlassenden Fähigkeiten.	Was ist mir nicht mehr wichtig?
Senkgrube	Ansammlung von Negativität. Recycling.	Was filtere ich heraus?
Seuche	Generelle Unordnung oder Erkrankung.	Welches System steht meiner Ansicht nach kurz vor dem Zusammenbruch?

BILD	ASSOZIATIONEN	FRAGESTELLUNG
Sexualität *siehe* einzelne Stichworte		
• Affäre	Hingabe. Leidenschaft.	Welchen Impulsen möchte ich nachgeben?
• Analverkehr	Unterwerfung. Vereinigung ohne Gemeinsamkeit.	Wen oder was begehre ich; bei wem befürchte ich nachzugeben?
• Begierde *siehe* Sexualität: Lust		
• Bestialität	Vereinigung mit animalen Leidenschaften oder Instinkten.	Welche grundlegenden Aspekte von mir selbst fürchte oder verleugne ich?
• Erektion	Schöpferische Kraft. Fruchtbarkeit.	Was will ich tun oder in Angriff nehmen?
• Erregung	Stimulation. Verfügbarkeit.	Worauf möchte ich reagieren?
• Exhibitionismus	Entblößung.	Welcher Teil von mir selbst will gesehen oder verstanden werden?

BILD	ASSOZIATIONEN	FRAGESTELLUNG
· Homo-sexuell	Vereinigung – oder Angst vor der Verei-nigung – mit Aspek-ten des Selbst.	Mit welchem Teil mei-ner Weiblichkeit oder Männlichkeit will ich verschmelzen?
· Inzest	Angst vor der Liebe.	Bin ich bereit, sexuel-le Reife zu zeigen?
· Küssen	Intimität. Zuneigung. Begrüßung.	Wem oder was möch-te ich nahe sein?
· Lust	Leidenschaftliches Besitzenwollen.	Was befriedigt mich? Wo in meinem Leben bin ich unerfüllt?
· Masturba-tion	Selbstliebe.	Welchen Teil meines Selbst bin ich zu lie-ben und zu akzeptie-ren bereit?
· Oralverkehr	Befriedigung. Lust.	Welcher Teil von mir möchte Befriedigung geben oder nehmen?
· Orgasmus	Erfüllung.	Was ist für mich voll-endet?
· Orgie	Wahllose Vereini-gung.	Wo in meinem Leben bin ich bereit, die Ein-heit von allem zu er-fahren?
· Porno-graphie	Streben nach Intimi-tät. Anonymer Sex.	Welchen Teil meines Selbst fürchte ich zu offenbaren?

BILD	ASSOZIATIONEN	FRAGESTELLUNG
• Sadomaso-chismus	Kontrolle von Leidenschaften oder Instinkten.	Inwieweit habe ich das Gefühl, über Schmerzen Kontrolle ausüben zu können?
• Samen	Yang-Aspekt der Fruchtbarkeit. Potenz.	Was bringe ich ins Sein?
• Samenerguß, vorzeitiger	Schlechtes Timing. Kontrollverlust.	Welche Gefühle übermannen mich?
• Umarmung	Liebevoller Schutz. Anerkennung.	Welcher Teil von mir braucht mehr Aufmerksamkeit?
• Vergewaltiger	Eine Vereinigung erzwingen.	An welcher Stelle meines Lebens habe ich das Gefühl, meine Liebe würde zurückgewiesen?
• Vergewaltigung	Erzwungene Vereinigung.	Inwieweit habe ich Angst davor, mich mit etwas zwangsläufig vereinigen zu müssen?
• Verkehr	Vereinigung. Loslassen. Lust. Erschaffung.	Womit möchte ich eins werden, oder wo fürchte ich mich davor?
• Verkehr, außerehelicher	Unerlaubte Vereinigung.	Was fehlt mir in meiner Beziehung zu mir selbst?

BILD	ASSOZIATIONEN	FRAGESTELLUNG
· Voyeurismus	Sicherer Abstand von den eigenen Wünschen.	Inwieweit sehne ich mich nach oder fürchte ich mich vor Nähe?

Shampoo
siehe Haar; Seife

Sicherheitsgurt *siehe auch* Fahrzeuge	Zurückhaltung aus Sicherheitsgründen.	Was hält meine Kraft in Schach?
Sicherheitssystem	Wahrung der Sicherheit.	Welche Schutzmechanismen bin ich abzubauen bereit?
Sieben *siehe auch* Zahlen	In die Form gebrachte Energie. Wachstumszyklen. Disziplin.	Was bin ich zu lernen bereit?
Silber	Wertvoll. Nachgiebig. Spirituelle Stärke.	Welcher Teil meines Geistes bedarf der Stärkung?
Singen	Freudvolles Feiern. Lobpreis. Mitteilung von Gefühlen.	Was möchte ich feiern oder mitteilen?
Sinken	Hinabsteigen ins Reich des Unbewußten.	Inwieweit bin ich bereit, den Dingen auf den Grund zu gehen?

BILD	ASSOZIATIONEN	FRAGESTELLUNG
Skateboard	Jugendlicher Ausdruck von Kraft. Freude am ungehinderten Bewegungsausdruck.	Wo in meinem Leben suche ich nach mehr Jugendlichkeit?
Skelett *siehe auch* Körperteile	Arbeit an den Grundfesten oder der Struktur. Überreste.	Wo in meinem Leben fühle ich mich abgetrennt, oder wo zeigen sich Zerfallserscheinungen?
Skifahren *siehe auch* Schnee	Rasante, aktive Bewegung. Körperliche Geschicklichkeit und Gleichgewichtssinn.	Welcher Teil von mir ist bereit, größere Bewegungsfreiheit zu genießen?
Skorpion	Destruktive Gefühle, Gedanken, Worte.	Wo in meinem Leben bin ich bereit, meine Autorität und Kraft zum Ausdruck zu bringen?
Smaragd	Versprechen. Schwelgen im Luxus.	Was unterstützt mich in meinem Wachstumsprozeß?
Sohn	Jugendlicher, männlicher Aspekt des Selbst.	In welchem Bereich meines Lebens bin ich bereit, meine jugendliche Kraft zum Ausdruck zu bringen?

BILD	ASSOZIATIONEN	FRAGESTELLUNG
Soldat	Arbeit an der Konfrontation.	Was bin ich herauszufordern bereit? Wo in meinem Leben habe ich Angst vor Herausforderung?
Sommer	Zyklus der Fruchtbarkeit. Wachstumsfülle.	Was bringe ich hervor?
Sonne	Energie. Licht. Quelle. Lebensspendende Kraft.	Was wünsche oder fürchte ich zu erhalten?
Sonnenaufgang	Erwachen. Anfang. Hoffnung.	Wo in meinem Leben bin ich zu einem Neuanfang bereit?
Sonnenbrille	Schutz. Auffälligkeit.	Wie will ich gesehen werden? Vor welchem Anblick muß ich mich schützen?
Sonnenuntergang	Ruhe. Vollendung eines Zyklus. Loslassen.	Was habe ich vollbracht?
Sorgen	Arbeit an der Trauer. Traurigkeit.	Welchen alten Schmerz will ich heilen lassen?

Spanner
siehe
Voyeurismus

BILD	ASSOZIATIONEN	FRAGESTELLUNG
Speer *siehe auch* Waffe	Verletzendes Geschoß. Angriff aus der Nähe.	Welche Ängste bin ich bereit genauer anzuschauen?
Sphinx	Geheimnis. Rätsel.	Welche Geheimnisse versuche ich zu entschlüsseln?
Spiegel	Bild. Identität.	Welcher Teil von mir wird reflektiert? Was bin ich zu sehen bereit?
Spielanzug *siehe auch* Kleidung	Kindlicher Aspekt des Selbst.	Wo in meinem Leben wünsche ich mir mehr Spiel und Spaß?
Spielen	Sorglosigkeit. Freude.	Wo in meinem Leben wünsche ich mir mehr spielerische Leichtigkeit?
Spielhölle	Amüsement. Lustgewinn durch Angst.	Welche alten Ängste finde ich langsam komisch?
Spielzeug	Kindliches Spiel. Einüben von Alltagspflichten.	Auf welche Weise bin ich bereit, in meinem Leben mehr spielerische Leichtigkeit zuzulassen?
Spind *siehe auch* Schule	Sichere Aufbewahrung.	Was habe ich auf Lager? Woran will ich mich erinnern?

BILD	ASSOZIATIONEN	FRAGESTELLUNG
Spinne	Die dunkle weibliche Kraft. Netzespinner. Geduld. Organisation.	Fürchte oder bewundere ich diese Eigenschaften in mir?
Spinnennetz *siehe* Netz		
Spion	Arbeit an der Diskretion.	Wo in meinem Leben bin ich bereit, mich zu öffnen?
Spirale	Dynamische Bewegung. Entwicklung. Zyklen.	Wo in meinem Leben wachse ich und erobere mir neue Räume?
Splitter	Kleiner Schmerz oder Unannehmlichkeit.	Welches kleine Übel darf nun heil werden?
Sport	Sich auf das Spiel einlassen. Ehre.	Welches Spiel spiele ich?
Sportliche Betätigung	Flexibilität. Stärke. Durchhaltevermögen.	Welche neuen Stärken will ich entwickeln? Was baue ich mir auf?
Sprechen	Kommunikation. Mitteilung.	Was sage ich mir selbst? Was bin ich auszudrücken bereit? Mit wem oder was will ich in Kommunikation treten?

| --- | --- | --- |
Spring- brunnen *siehe auch* Wasser	Emotionen, die ans Licht drängen. Freiheit des emotionalen Ausdrucks. Loslassen.	Welche Gefühle sprudeln in mir hoch?
Spritze *siehe* Injektion		
Spülbecken	Kleinere Reinigungsaktion.	Welche Nebensächlichkeiten will ich wegwaschen?
Stadion	Arena. Darstellung.	Welche Leistungen bin ich zu zeigen bereit?
Stadtstreicher *siehe auch* Penner	Unsicherheit. Versagen. Identitätsverlust.	Auf welche Weise ist meine Identität oder mein Erfolg in Gefahr?
Statue	Darstellung. Abbild.	Welchem Inhalt will ich Form geben?
Stau *siehe auch* Fahrzeuge	Vereitelte Kraft oder Bewegung.	Wo ist meine Energie blockiert?
Staub	Trockenheit. Wachstumspotential.	Wo in meinem Leben habe ich den Fluß der Gefühle zurückgehalten?
Staubsauger	Reinlichkeit. Ordnung.	Was will ich loswerden? Was reinige ich?

BILD	ASSOZIATIONEN	FRAGESTELLUNG
Stehlen *siehe* Diebstahl		
Stein *siehe auch* Fels	Essenz. Elementares Selbst. Festigkeit.	Welcher Teil von mir ist fest und undurch- dringlich?
Stern	Quelle von Licht oder Helligkeit. Spiri- tuelles Erwachen.	Wo in meinem Leben bin ich bereit, mein Licht leuchten zu las- sen?
Stiefel *siehe auch* Kleidung	Kraft der Bewegung. Robustheit.	Nach welcher Form der Kraft oder Macht suche ich?
Stiefmutter *siehe auch* Mutter	Ersatznahrung oder -betreuung.	Was finde ich lobens- wert und was tadelns- wert an mir?
Stiefvater *siehe auch* Vater	Ersatzautorität oder -führung.	Was kontrolliert mich? Wofür sorge ich?
Stier *siehe auch* Haustiere	Fruchtbarkeit und Stärke. Zorn.	Was erregt meine Lei- denschaft?
Stille	Ruhe. Ungestörtheit.	Was gibt mir das Ge- fühl der Zentriertheit?
Stinktier *siehe auch* Tiere, wild- lebende	Passive Aggression.	Wo in meinem Leben habe ich das Gefühl, mich selbst schützen zu müssen?

BILD	ASSOZIATIONEN	FRAGESTELLUNG
Stock	Natürliches Werkzeug oder Waffe. Vorhandenes Potential.	Was will ich mir nutzbar machen?
Stolpern	Kleinere Hindernisse. Ungeschicklichkeit.	Wie kann ich meinen Lebensweg zuversichtlicher beschreiten?
Storch	Verleugnung. Geerdet.	Womit bin ich bereit mich auseinanderzusetzen? Welche Freiheit suche ich?
Strand	Wo Bewußtes und Unbewußtes zusammentreffen.	Was bin ich bereit, mir bewußtzumachen?
Strandkleid *siehe auch* Kleidung	Bequemes Sich-Zeigen.	Nach welchen Annehmlichkeiten suche ich? Welcher Teil von mir ist bereit, sich zu entspannen?
Straße	Richtung. Der Weg des Lebens.	Wohin bin ich unterwegs?
Streifen	Ordnung. Organisierte Anstrengung.	Welcher Linie will oder muß ich folgen?
Stroh	Gewöhnlich. Futter.	Welches ist der wahre Wert meiner Einfachheit? Wo suche ich nach innerem Gold?

BILD	ASSOZIATIONEN	FRAGESTELLUNG
Strohmann	Stellvertretung. Leere.	Was fehlt mir in meinen Beziehungen? Wonach sehne ich mich?
Strom-schnellen *siehe auch* Wasser	Aktive, anregende Emotionen.	Wie gut gehe ich mit intensiven Emotionen um?
Strumpfhose *siehe auch* Kleidung	Formung. Straffung.	Was kann ich aus einer Position der Sicherheit heraus zeigen?
Stufen	Sicherer Durchgang. Gefahrlose Bewegung.	Mit welchen Mitteln kann ich mein Ziel erreichen?
Stuhl	Position, Stil oder Haltung.	Was behagt mir?
Stumpf	Unterbrochenes oder blockiertes Wachstum.	Bin ich in der falschen Richtung gewachsen? Fühle ich mich blockiert?
Sturm	Turbulente Veränderung.	Welche Kräfte kämpfen in mir?
Suchen *siehe auch* Expedition	Erkennen von Wünschen oder Bedürfnissen. Anerkennung von Bedürfnissen.	Was bin ich endlich zu finden bereit?

BILD	ASSOZIATIONEN	FRAGESTELLUNG
Sucht oder Süchtiger	Zwanghaftes Bedürfnis. Zügellosigkeit.	Welche Gewohnheit ist bedrohlich für mich?
Südamerika oder südamerikanisch	Spontaneität. Launenhaftigkeit. Eroberung.	Welchen Konflikt bin ich zu bewältigen bereit?
Süden	Sorglosigkeit. Freiheit von Beschränkungen. Entspannung.	Welcher Teil von mir sehnt sich nach Entspannung?
Sumpf *siehe auch* Wasser	Überwältigende, undurchsichtige Gefühle.	Welche alten emotionalen Muster ändern sich langsam in mir?
Surfen *siehe* Wellenreiten		
Süßigkeiten *siehe auch* Zucker	Kleine Belohnungen. Versuchung.	Bekomme ich, was mir wichtig ist?

BILD	ASSOZIATIONEN	FRAGESTELLUNG
Tal	Schutz. Sicherheit. Unbeschwertheit.	Was gibt mir das Gefühl der Geborgenheit?
Tanz *siehe auch* Ballett	Begeisterte Anteilnahme am Leben. Bewegung als Mittel zur Transzendenz.	Was veranlaßt mich, über die Grenzen meiner eigenen Vorstellung hinauszugehen?
Tasse	Empfänglichkeit.	Was bin ich zu empfangen bereit?
Tätowierung	Unkonventioneller Ausdruck des Selbst. Zurschaustellung.	Welche sonderbaren Botschaften bin ich zu übermitteln bereit?
Tau *siehe auch* Wasser	Sanftes Freisetzen von Emotionen.	Welche Gefühle kann ich sicher ausdrücken?
Taube	Frieden. Lösung von Konflikten.	Welches Problem bin ich zu lösen bereit?
Taube *siehe auch* Vogel	Opfertum.	Wo in meinem Leben bin ich bereit, mich selbst zu behaupten?
Taubheit	Arbeit an der Kommunikation.	Was will ich hören, oder was fürchte ich zu hören?
Tauchen	Sprung in emotionale Tiefen.	Welche Gefühle bin ich zu ergründen bereit? Welche Gefühle sind über mir zusammengeschwappt?

BILD	ASSOZIATIONEN	FRAGESTELLUNG
Taucheranzug *siehe auch* Wasser	Sicherheit und Schutz im Bereich der Gefühle.	Welche emotionalen Tiefen will ich sicher erkunden?
Tausend-füßler	Vergiftete Gefühle, Gedanken, Worte.	Welche Ängste hindern mich am Fortkommen?
Teddybär *siehe auch* Plüschtier	Vertrauen. Schutz. Fetisch.	Worauf muß ich vertrauen, um zu lieben und geliebt zu werden?
Tee	Zufriedenheit. Geselligkeit.	Wo in meinem Leben bin ich bereit, mir Zeit zu lassen?
Teenager *siehe* Heranwachsender		
Telefon	Kommunikation über Entfernungen hinweg.	Wen oder was will ich erreichen?
Teleskop	Aussicht auf ferne Ziele.	Was möchte ich näher unter die Lupe nehmen?
Tempel *siehe auch* Schrein	Seele. Heiligtum.	Welche Form hat mein innerer Frieden?

BILD	ASSOZIATIONEN	FRAGESTELLUNG
Teppich	Schutz. Isolierung. Manchmal Luxus oder Reichtum.	Wo in meinem Leben bin ich bereit, mich über meine Grundbedürfnisse hinaus zu entfalten?
Terrasse	Leben im Freien. Verbindung zwischen Selbst und Natur.	An welcher Stelle meines Selbst versuche ich, mit der Natur in Einklang zu kommen?
Terrorist	Aus Enttäuschung geborene Gewalt.	Wo in meinem Leben habe ich das Gefühl, in meiner Kraft blockiert zu werden?
Test	Schicksalsprobe oder Prüfung.	Welche Fähigkeiten oder welches Wissen bin ich zu zeigen bereit?
Teufel *siehe auch* Dämon	Negative Kräfte. Versuchung.	Was liegt zwischen mir und meinem höheren Bewußtsein?
Theaterspiel	Auftritt. Bühnenstück des Lebens.	Welche Veränderungen am Drehbuch meines Lebens ziehe ich in Betracht?
Therapeut	Arbeit an Selbstakzeptanz und Liebe.	Welcher Teil von mir ist zur Integration bereit?

BILD	ASSOZIATIONEN	FRAGESTELLUNG
Tiefkühler	Konservierung. Kälte.	Welche Gefühle sind in mir zu Eis erstarrt?
Tiere, wild-lebende *siehe auch* einzelne Stichworte	Natürliches, unge-zähmtes Selbst. Freiheit von den Zwängen der Zivilisation.	Welcher Teil von mir strebt danach, sich frei auszudrücken?
• Affe	Geschicklichkeit. Boshaftigkeit. Hu-mor.	Welcher Teil von mir ist fast menschlich?
• Alligator	Urangst.	Welche elementaren Ängste habe ich?
• Bär	Besitzergreifende Liebe.	Inwiefern ist Liebe für mich bedrohlich?
• Delphin	Natürliche Intelli-genz. Transzendente Weisheit. Mitgefühl. Spielerische Leichtig-keit.	Welcher Teil von mir ist von göttlicher Weis-heit und spielerischer Leichtigkeit geprägt?
• Dinosaurier	Phantasie. Die Macht der Größe.	Welcher Teil von mir möchte größer sein?
• Drache	Beherrschung der Elemente. Überfluß. Verbindung von Ma-terie und Geist.	Auf welche Weise bin ich bereit, die physi-schen und spirituel-len Aspekte meiner Persönlichkeit in Ein-klang zu bringen?

BILD	ASSOZIATIONEN	FRAGESTELLUNG
· Echse	Kaltblütig. Reptil.	Wo in meinem Leben bin ich bereit, mehr Wärme zu zeigen?
· Eichhörnchen	Horten. Im Laufrad rennen.	Wo in meinem Leben bin ich bereit, mich sicherer zu fühlen?
· Elefant	Weisheit. Gedächtnis. Die Macht der Beharrlichkeit.	Wo liegt meine eigene Weisheit?
· Fledermaus	Nachtaktiv. Gespenstisch. Hochsensibel.	Welche Finsternis bin ich zu durchdringen oder zu erforschen bereit?
· Frosch	Transformation.	Welche Schönheit liegt in mir verborgen?
· Fuchs	Klugheit. List.	Wo vertraue ich mir, und wo bin ich mißtrauisch gegen mich selbst?
· Giraffe	Überblick. Scheue Anmut.	Wo in meinem Leben bin ich bereit, mir einen größeren Überblick zu verschaffen?
· Gorilla	Stärke. Unschuld. Seltenheit.	In welchen Bereichen meines Lebens bin ich bereit, stark und sanft zugleich zu sein?

BILD	ASSOZIATIONEN	FRAGESTELLUNG
· Gürteltier	Ko-Abhängigkeit.	Welche Grenzen will oder muß ich setzen?
· Hirsch	Sanfte Schönheit. Schüchternheit.	Welcher Teil in mir sucht nach Schutz?
· Kaninchen	Fruchtbarkeit. Glück. Unsicherheit.	Wo in meinem Leben bin ich bereit, produktiv zu sein?
· Kojote	Trickser. Schurke. Dieb.	Nach welchen Abenteuern suche ich?
· Krokodil *siehe* Tiere, wildlebende: Alligator		
· Kröte	Ansteckende Häßlichkeit.	Inwieweit oder warum habe ich meine wahre Schönheit versteckt?
· Löwe	Vornehmheit. Stärke. Stolz.	Wo in mir liegt mein Mut?
· Made *siehe* Wurm		
· Maus	Sanftmütig. Ruhig. Kleinere Probleme. Innere Gefühle. Schüchternheit.	Welche kleinen Sorgen nagen an mir?

BILD	ASSOZIATIONEN	FRAGESTELLUNG
· Nashorn	Blinde Stärke. Panzerung.	Was bin ich bereit, in bezug auf meine eigene Kraft zu sehen oder zu verstehen?
· Nilpferd	Große Stärke. Verdeckte Gefahr. Größe.	Wie verstecke ich meine Kraft?
· Opossum	Sich totstellen.	Was bedroht mich? Wo bin ich bereit, zum Leben zu erwachen?
· Panther	Wilde Schönheit. Anmut.	Welche Kraft will ich entfesseln oder fürchte ich zu entfesseln?
· Plüschtier (wildes)	Spielerischer Umgang mit allem Wilden. Vertrauen.	In welchen Bereichen meines Lebens bin ich zu vertrauen bereit?
· Ratte	Kennt sich in der Großstadt aus. Clever. Hinterhältig und wenig vertrauenswürdig.	Wo in meinem Leben habe ich Angst vor Verrat? Kann ich mir selbst trauen?
· Schildkröte	Schutz. Ausdauer.	Wo in meinem Leben fühle ich mich sicher, wenn ich mir Zeit lasse?

BILD	ASSOZIATIONEN	FRAGESTELLUNG
· Schlange	Energie. Die Schlangenkraft der Kundalini. Sexualität.	Welche Energie bin ich auszudrücken oder zu verstehen bereit?
· Seehund	Komische Ader. Spielerische Leichtigkeit.	Wo in meinem Leben strebe ich nach mehr Spiel und Spaß?
· Stinktier	Passive Aggression.	Wo in meinem Leben habe ich das Gefühl, mich selbst schützen zu müssen?
· Tiger	Macht. Wilde Schönheit. Sexuelle Kraft.	Was in mir ist gefährlich?
· Wal	Macht des Unbewußten. Wahrheit und Stärke des inneren Seins.	Welche große Wahrheit bin ich zu akzeptieren bereit?
· Walroß	Massive Sensibilität.	Wo in meinem Leben bin ich bereit, weniger bedrohlich zu sein?
· Wolf	Instinkt. Freßlust. Bedrohlichkeit. Loyalität.	Welche Instinkte sind eine Bedrohung für mich? Wem oder was gilt meine instinktive Loyalität?

BILD	ASSOZIATIONEN	FRAGESTELLUNG
· Yeti	Halb Mensch, halb Tier. Sagenumwoben.	Welcher Teil meines größeren Selbst schleicht sich an mich an?
· Zootier	Kontrollierte Wildheit.	Welche Instinkte möchte ich von einer sicheren Warte aus beobachten oder ausleben?
Tierkreis	Archetypen. Bewußtseinsaspekte.	Wie trete ich mit meiner eigenen göttlichen Natur in Beziehung?
Tiger *siehe auch* Tiere, wildlebende	Macht. Wilde Schönheit. Sexuelle Kraft.	Was in mir ist gefährlich?
Tintenfisch	Scheu. Umklammernd.	Woran muß ich mich festhalten?
Tisch	Ort der Aktivität.	Was bin ich zu prüfen oder tun bereit?
Tochter	Jugendliches, weibliches Selbst.	In welchem Bereich meines Lebens bin ich bereit, jugendliche Empfänglichkeit zum Ausdruck zu bringen?
Tod	Ende eines Zyklus.	Was ist vorüber?

BILD	ASSOZIATIONEN	FRAGESTELLUNG
Toilette *siehe* Badezimmer; Exkremente; urinieren		
Ton	Empfängliche Materie.	Was bin ich zu formen oder zu modellieren bereit?
Töpferwaren *siehe* Geschirr		
Torbogen	Erfüllung der Sehnsüchte. Höhere Ziele.	Welcher Weg eröffnet sich mir?
Tornado	Gewaltige Zerstörungskraft.	Welche dramatische Veränderung sehe ich kommen?
Totgeburt	Mangelndes Vertrauen. Verlust der Unschuld.	Wo muß ich von vorne anfangen?
Tragflügelboot *siehe auch* Fahrzeuge; Reisen	Sich über das Meer der Gefühle erheben.	Welche Emotionen hemmen mich nicht mehr?
Traglast	Last. Bürde. Ausrüstung.	Was schleppe ich mit mir herum?
Traktor	Robustheit. Nützlichkeit.	Was verarbeite ich?

BILD	ASSOZIATIONEN	FRAGESTELLUNG
Trance *siehe auch* Channeling	Veränderter Zustand. Erweitertes Bewußtsein.	Welchen Teil meines inneren Selbst bin ich zu erkunden bereit?
Tränengas	Quälende Gefühle. Von Leid erdrückt sein.	Welche tiefen Schmerzen bin ich wegzuspülen bereit?
Transplantation	Neues Leben.	Welcher Teil von mir fühlt sich erschöpft? Wo in meinem Leben suche ich nach Erneuerung?
Träumen	Erschaffen. Erwachen für die innere Wirklichkeit.	Was ist für mich real?
Traurig *siehe* Sorgen		
Treibsand	Unsicherheit. Instabilität.	Wo in meinem Leben brauche ich ein solideres Fundament?
Treppe *siehe auch* Haus	Aufstieg. Aufsteigen. Streben nach Höherem. Abstieg. Erdung.	Zu welchem Ziel möchte ich mich hinauf- oder hinabbegeben?
Treuhandfonds	Sicherheit. Kontrolle.	Auf welche Weise bin ich für mich selbst zu sorgen bereit?

BILD	ASSOZIATIONEN	FRAGESTELLUNG
Tropen	Brütende Hitze. Üppigkeit.	Worin möchte ich schwelgen?
Tröpfeln *siehe auch* Wasser	Das Durchsickern von Emotionen.	Was gebe ich Stück für Stück frei?
Trümmer	Fragmente. Schutt.	Was möchte ich in seiner Ganzheit wiedererstehen lassen?
Tümmler *siehe* Delphin		
Tumor	Schützendes Wachstum.	Welchen alten Schmerz bin ich loszulassen bereit?
Tunnel	Weg durch innere Räume. Schicksalsprobe.	Welches Licht weist mir den Weg?
Tür *siehe auch* Haus	Zugang. Bewegung aus einem Bereich heraus in einen anderen hinein.	Welchen Bereich bin ich zu betreten bereit oder welchen will ich mir als Privatsphäre erhalten?
Türkis *siehe auch* Farben	Heilung. Glück. Schutz.	Wo in meinem Leben fühle ich mich sicher?

BILD	ASSOZIATIONEN	FRAGESTELLUNG
Turm	Zu höheren Zielen gelangen. Aufsteigen. Manchmal auch Isolation.	Welche Errungenschaft strebe ich an oder fürchte ich?
Turmspitze	Richtung der Bestrebungen. Höchste Ziele.	Wonach strebe ich? Was inspiriert mich?

BILD	ASSOZIATIONEN	FRAGESTELLUNG
U-Bahn	Schnelle Bewegung durch das Reich des Unbewußten.	Welche starken inneren Antriebe kann ich bewußt nutzen?
Übelkeit *siehe* erbrechen; seekrank		
Überschwemmung *siehe auch* Wasser	Überfluß an Emotionen.	Welche Gefühle sind mir zu viel?
U-Boot	Mittel zur Erkundung von unbewußten oder emotionalen Zuständen.	Welche Gefühle bin ich genauer zu betrachten bereit?
Ufer *siehe auch* Wasser	Gefährliche oder trügerische Gefühle.	Welche Emotionen sind bedrohlich für mich?
UFO *siehe auch* Außerirdischer	Furcht vor dem und Freude am Unbekannten. Entlegene Welten.	An welcher Stelle bin ich bereit, in unbekannte Reiche vorzudringen?
Uhr *siehe auch* Armbanduhr; Zeit	Zeitplanung. Maß der Zeit.	Wieviel Zeit habe ich? Was geht zu Ende?
Umarmung *siehe auch* Sexualität	Liebevoller Schutz. Anerkennung.	Welcher Teil von mir braucht mehr Aufmerksamkeit?

BILD	ASSOZIATIONEN	FRAGESTELLUNG
Umbauen *siehe auch* Haus	Das Haus des Selbst neu gestalten.	Welcher Teil von mir braucht mehr Raum oder Erneuerung? Wie möchte ich vor der Welt dastehen?
Umhang *siehe auch* Kleidung	Magischer Schutz. Heimlichkeit.	Welcher Teil von mir ist unsichtbar?
Umweg	Richtungsänderung auf dem Lebensweg.	Was muß ich umgehen, um mein wahres Ziel zu erreichen?
Umzug	Neues Leben. Ein Neuanfang.	Was liegt vor mir? Was bin ich zurückzulassen bereit?
Unfall	Unerwartete Veränderung. Aufregung.	Wo widersetze ich mich der Veränderung?
Ungeziefer	Kleinere Probleme. Unannehmlichkeit.	Was plagt mich?
Uniform *siehe auch* Kleidung	Einheitlichkeit.	Wo in meinem Leben möchte ich mit anderen etwas gemein haben? An welcher Stelle möchte ich die Regeln durchbrechen?
Universität *siehe auch* Schule	Höheres Lernen.	An welcher Stelle möchte ich mein Wissen erweitern?

BILD	ASSOZIATIONEN	FRAGESTELLUNG
Universum	Gesamtheit des Seins. Ganzheit.	Wo in meinem Leben fühle ich mich vollkommen?
Unkraut	Unkontrollierte Vermehrung. Unerwünschtes Wachstum.	Was hege und pflege ich?
Unter oder Unteres *siehe auch* Grund	Unbewußtes. Niederer Aspekt des Selbst.	Was bin ich bereit hervorzubringen?
Untergrund	Unbewußtes Material.	Was ist bereit, in mein Bewußtsein vorzudringen?
Unterhose *siehe auch* Kleidung	Intimes oder inneres Selbst.	Was fürchte ich, der Welt zu offenbaren, oder was möchte ich der Welt offenbaren?
Unterwäsche *siehe auch* Kleidung	Intimes Selbst. Sexuelle Identität.	Was fühle ich insgeheim?
Unterwasser *siehe auch* schwimmen; Wasser	Untertauchen in Emotionen.	Welche Emotionen überfluten mich?
Unterwegssein *siehe auch* Reisen	Befreiung. Bewegung auf das eigene Zentrum zu.	Welcher Prozeß läuft in mir ab?

BILD	ASSOZIATIONEN	FRAGESTELLUNG
Ureinwohner *siehe auch* Eingeborener	Intuitives Selbst. Magische Identität. Uralte Weisheit.	Wo in meinem Leben versuche ich, mit den Kräften der Natur in Einklang zu kommen?
Urin oder urinieren *siehe auch* Badezimmer	Loslassen, meist von Emotionen. Wut. Scham über gezeigte Emotionen.	Welche Gefühle klären sich für mich? Wer soll sich verpissen?

BILD	ASSOZIATIONEN	FRAGESTELLUNG
Vagina *siehe auch* Körperteile	Weibliche Sexuali- tät. Yin-Empfänglich- keit.	Was empfange ich? Was empfängt mich?
Vakuum	Leere. Abwesenheit. Vorhandenes Poten- tial.	Was fehlt? Was erfüllt mich?
Vampir	Energieabziehende Angst.	Was verfolgt mich? Wo in meinem Leben versage ich mir den Zugang zu meinen ei- genen Kräften?
Vase	Empfänglichkeit. Zurschaustellung.	Was bin ich zu emp- fangen bereit?
Vater	Autorität. Kontrolle. Führung. Anerken- nung.	Worum kümmere ich mich?
Veranda *siehe auch* Haus	Schnittstelle zwi- schen dem Selbst und der Welt.	Wo in meinem Leben bin ich bereit, mich zugänglicher zu zei- gen?
Verband	Schutz. Sehnsucht nach Heilung.	Welchen Teil von mir bin ich bereit, heil werden zu lassen? Welchen Teil will ich pflegen?
Verbrechen	Schuld. Scham. Machtlosigkeit.	Welche innere Angst bedroht mich?

BILD	ASSOZIATIONEN	FRAGESTELLUNG
Verbrecher	Arbeit an der Macht-losigkeit.	Wo in meinem Leben bereite ich mich dar-auf vor, meine Kraft zu zeigen?
Vereinbarung	Falls günstig: Harmonie oder Verpflichtung. Falls ungünstig: Kompromiß	Wovon möchte ich mich lösen? Was bin ich zu regeln bereit?
Verfolgen	Auf den Fersen sein.	Was möchte mir nahe sein? Wem bin ich be-reit, nahe zu sein?
Verfolgung	Verleugnete Kraft.	Welcher Teil von mir macht mir angst? Wo kann ich meine Stär-ken sicher zum Aus-druck bringen?
Vergewaltiger *siehe auch* Sexualität	Eine Vereinigung erzwingen.	An welcher Stelle mei-nes Lebens habe ich das Gefühl, meine Lie-be würde zurückge-wiesen?
Vergewalti-gung *siehe auch* Sexualität	Erzwungene Vereinigung.	Inwieweit habe ich Angst davor, mich mit etwas zwangs-läufig vereinigen zu müssen?

BILD	ASSOZIATIONEN	FRAGESTELLUNG
Verhaftung	Erzwungener Stillstand. Erwischt werden.	Warum habe ich Angst, erwischt zu werden? Was möchte ich zum Stillstand bringen?
Verirrt	Richtungslos. Vermißt.	Wo in meinem Leben fehlt es mir an Selbstvertrauen?
Verkäufer *siehe auch* Einkaufen	Bedienung. Verfügbarkeit.	Was möchte ich zu einem Teil meines Lebens werden lassen?
Verkehr *siehe auch* Fahrzeuge	Chaotische Kraft oder Bewegung.	Was hält mich davon ab, dorthin zu gehen, wohin ich gehen muß oder will?
Verkehr *siehe auch* Sexualität	Vereinigung. Loslassen. Lust. Erschaffung.	Womit möchte ich eins werden, oder wo fürchte ich mich davor?
Verkehr, außerehelicher *siehe auch* Sexualität	Unerlaubte Vereinigung.	Was fehlt mir in meiner Beziehung zu mir selbst?
Verkleidung	Verborgene Teile des Selbst.	Was verberge ich? Was bin ich zu offenbaren bereit?

BILD	ASSOZIATIONEN	FRAGESTELLUNG
Verlassen-werden	Isolation. Ein altes Selbst zurücklassen. Befreiung aus der Kontrolle des alten Selbst.	Welchen Teil von mir bin ich zurückzulassen bereit?
Verletzen	Arbeit an alten Schmerzen.	Welche Wunden möchte ich heilen lassen?
Verletzung	Arbeit an alten Wunden.	Welchen Schaden bin ich bereit wiedergut-zumachen?
Verrücktsein	Totaler Kontrollver-lust. Freiheit von Verantwortung.	Was hält mich zusam-men? Was geschieht, wenn ich es verliere?
Verschüttet sein	Arbeit an Freiheit und Vertrauen.	Wo in meinem Leben bereite ich mich dar-auf vor, meine Stär-ken zu zeigen?
Versicherung	Mangelndes Vertrau-en. Sicherheit.	Vor welchen Verlu-sten fürchte ich mich? Wie blockiere ich mei-nen eigenen Fort-schritt?
Verstopfung	Angst vor dem Los-lassen.	Was halte ich zurück?

Vertrag *siehe*
Vereinbarung

BILD	ASSOZIATIONEN	FRAGESTELLUNG
Vertrauen	Arbeit an der Selbstakzeptanz.	Welchen Teil meines Selbst bin ich zu integrieren bereit?
Verwandte	Unerkannte Aspekte des Selbst.	Welchen Teil meines Wesens bin ich bereit anzuerkennen?
Verwundet *siehe* Wunde		
Veteran	Überlebender eines Konflikts.	Welcher Kampf ist für mich ausgefochten?
Videospiele	Hightech-Wettbewerb. Können. Geschicklichkeit.	Zu welchen neuen Fähigkeiten habe ich Zugang?
Vier *siehe auch* Quadrat; Zahlen	Stabilität. Materie. Stärke. Streben nach irdischen Dingen.	Wo in meinem Leben bin ich am stabilsten?
Violett *siehe auch* Farben	Spiritualität. Grenze zwischen dem Sichtbaren und dem Unsichtbaren. Aristokratie.	Wonach strebe ich?
Vogel	Freiheit. Flucht. Befreiung vom Gewicht der physischen Ebene.	Welcher Teil von mir will fliegen?

BILD	ASSOZIATIONEN	FRAGESTELLUNG
Vorhang	Schutz. Dekoration.	Inwiefern sehne ich mich nach Intimität? Oder was will ich zeigen?
Vorlesung	Mitteilung. Predigt.	Was bin ich zu hören oder zu sagen bereit? In welchem Bereich kenne ich mich gut aus?
Vorschlag-hammer	Massive Zerstörung.	Was reiße ich nieder?
Voyeurismus *siehe auch* Sexualität	Sicherer Abstand von den eigenen Wünschen.	Inwieweit sehne ich mich nach oder fürchte ich mich vor Nähe?
Vulkan	Ausbruch von unbewußtem oder unterdrücktem Material.	Was muß ich klären?

BILD	ASSOZIATIONEN	FRAGESTELLUNG
Wache	Arbeit an der Sicherheit.	Welcher Teil von mir braucht Schutz?
Waffe	Arbeit am Energieausdruck. Angriff und Verteidigung. Aggression.	Wo in meinem Leben bin ich bereit, offener und empfänglicher zu sein?
Wahnsinn	Arbeit an zwanghaften Ängsten.	Welche innere Stärke bin ich zu erkennen bereit?
Waise	Schutzlosigkeit. Isolation.	Welche tiefen Verbindungen will ich eingehen?
Wal *siehe auch* Tiere, wildlebende	Macht des Unbewußten. Wahrheit und Stärke des inneren Seins.	Welche große Wahrheit bin ich zu akzeptieren bereit?
Wald	Das Reich des Unbewußten. Naturkräfte.	Welchen Teil meiner inneren Wesensart bin ich zu erkunden bereit?
Walroß *siehe auch* Tiere, wildlebende	Massive Sensibilität.	Wo in meinem Leben bin ich bereit, weniger bedrohlich zu sein?
Wand *siehe auch* Haus	Barriere. Verteidigung. Trennung.	Was bin ich zu integrieren bereit? Wo brauche ich das Getrenntsein? Was ist auf der anderen Seite?

BILD	ASSOZIATIONEN	FRAGESTELLUNG
Warenhaus *siehe* Geschäft		
Warze	Störendes Wachstum. Häßlichkeit.	Wo in meinem Leben bin ich bereit, attraktiver zu sein?
Wäsche waschen *siehe auch* Kleidung	Reinigung. Läuterung. Loslassen.	Was will ich bereinigen? Was ist durch häufige Benutzung schmutzig geworden?
Wasser *siehe auch* einzelne Stichworte; Elemente	Emotionen. Auflösung. Nachgiebigkeit. Flüssigkeit. Loslassen. Reinigung.	Was fühle ich?
· Bach	Der Fluß der Gefühle.	Welche Gefühle dürfen ungehindert in mir fließen?
· Brunnen	Quelle. Geteilte Ressourcen.	Welche Gefühle bin ich zu teilen bereit?
· Bucht	Schutz. Umgrenzung.	Wo komme ich zur Ruhe?
· Dunst	Zartes Ausbreiten von Gefühlen. Kühl und angenehm.	Welches emotionale Feld umgibt mich?
· Eis	Ein starrer Gefühlszustand. Zu Eis geworden.	Welche Gefühle sind in mir eingeschlossen, oder wo bin ich aufzutauen bereit?

BILD	ASSOZIATIONEN	FRAGESTELLUNG
· Fluß	Fließend und aktiv. Kann gefährliche Stromschnellen aufweisen; kann glatt und ruhig sein.	Welche Gefühle sind in mir in Bewegung?
· Flutwelle	Überwältigende Emotionen.	Welche Gefühle sind bedrohlich für mich?
· Gefrorenes	Konservierung. Zurückhaltung.	Welche starren Gefühle bin ich aufzulösen bereit?
· Hafen	Schutz. Sicherheit.	Wo in meinem Leben finde ich emotionalen Frieden?
· Meer *siehe* Wasser: Ozean		
· Ozean	Gefühl der Weite, Grenzenlosigkeit. Manchmal eine überwältigende Emotion. Reich an überschäumendem Leben.	Welcher Teil von mir steht mit einer derartigen Weite in Verbindung?
· Pfütze	Unbedeutende, aber trotzdem unangenehme Emotionen.	Welche kleinere Unstimmigkeit spüre ich?
· Quelle	Ursprung. Anfang.	Wo in meinem Leben verleihe ich meinen Gefühlen auf neue Weise Ausdruck?

BILD	ASSOZIATIONEN	FRAGESTELLUNG
· Regen	Freisetzung von Emotionen. Mal sanft und wohltuend, mal dramatisch und bedrohlich.	Welche Gefühle strömen auf mich ein?
· Riff	Gefahr oder Sicherheit vor verborgenen Emotionen.	Was verbirgt sich hinter meinen Gefühlen?
· Schlamm	Unangenehme Gefühle. Fruchtbarkeit. Festgefahrensein.	Mit welchen Emotionen bin ich aufzuräumen bereit?
· Schlauch	Flexibilität. Fluß der Emotionen.	Wie gut klappt der Austausch mit meinen Gefühlen?
· Schmelzen	Loslassen.	Welche alten Strukturen bin ich aufzulösen bereit?
· Schwimm-bad	Das Wasser der Gefühle, gefangen in einem menschlichen Konstrukt. Sicherheit.	Welche Gefühle möchte ich hinter sicheren Mauern wissen?
· See	Zurückgehaltene Emotionen. Häufig ein Gefühl der Ruhe und des Friedens.	Welche Gefühle kann ich leicht in mir bewahren?

BILD	ASSOZIATIONEN	FRAGESTELLUNG
· Spring- brunnen	Emotionen, die ans Licht drängen. Freiheit des emotionalen Ausdrucks. Loslassen.	Welche Gefühle sprudeln in mir hoch?
· Strom- schnellen	Aktive, anregende Emotionen.	Wie gut gehe ich mit intensiven Emotionen um?
· Sumpf	Überwältigende, undurchsichtige Gefühle.	Welche alten emotionalen Muster ändern sich langsam in mir?
· Tau	Sanftes Freisetzen von Emotionen.	Welche Gefühle kann ich sicher ausdrücken?
· Taucher- anzug	Sicherheit und Schutz im Bereich der Gefühle.	Welche emotionalen Tiefen will ich sicher erkunden?
· Tröpfeln	Das Durchsickern von Emotionen.	Was gebe ich Stück für Stück frei?
· Überschwem- mung	Überfluß von Emotionen.	Welche Gefühle sind mir zuviel?
· Ufer	Gefährliche oder trügerische Gefühle.	Welche Emotionen sind bedrohlich für mich?
· Wasserfall	Dramatisches Im-Fluß-Sein. Kann beängstigend oder extrem befreiend sein.	Wo in meinem Leben bin ich bereit, einen Sprung ins Wasser zu wagen?

BILD	ASSOZIATIONEN	FRAGESTELLUNG
· Wasserhahn *siehe auch* Wasser	Kontrolle oder Freisetzung von Emotionen.	Welche Gefühle stelle ich an oder ab?
Weben	Fertigung. Intimität.	Was verwebe ich zu einem Ganzen?
Weihnachten	Feiern. Feierliche, lichtvolle Festtagsstimmung. Wiedervereinigung.	Was feiere ich? Womit möchte ich wieder eins werden?
Wein *siehe auch* Alkohol; Betrunkener	Geselligkeit. Feiern.	Was möchte ich genießen?
Weinen	Freisetzung von Emotionen. Trauer.	Welche Emotionen bin ich auszudrücken bereit?
Weiser	Arbeit an der Weisheit oder dem Verstehen.	Wo in meinem Leben bin ich bereit, meine Gedanken- und Urteilskraft einzusetzen?
Weiß *siehe auch* Farben	Reinheit. Klarheit. Kälte.	Was will ich läutern?
Wellenreiten *siehe auch* Wasser	Auf den Wellen der Gefühle reiten.	Welche starken Emotionen bin ich zu genießen bereit?

BILD	ASSOZIATIONEN	FRAGESTELLUNG
Weltraum *siehe auch* Rakete; Raumschiff	Überwindung der persönlichen Realität.	Welches höhere Sein will ich erfahren?
Werkzeug	Arbeit an der Produktivität.	Was möchte ich tun oder erschaffen?
Werwolf	Monströse Instinkte.	Welcher Teil von mir ist überzivilisiert? An welcher Stelle meines Lebens werden meine Instinkte unterdrückt?
Wespe	Stechende Wut.	Wo in meinem Leben würde ich am liebsten zustechen?
Westen	Ende. Tod. Rückkehr zum Ausgangspunkt.	Wohin bin ich unterwegs?
Wettbewerb	Konkurrenz. Rivalität.	Welche Stärken bin ich zu zeigen bereit?
Wettlauf	Wettbewerb. Rivalität.	Was ist mein Ziel? Was entgeht mir durch meine Eile?
Wiedervereinigung	Begegnung mit unerkannten Aspekten des Selbst.	An welchen Teil meiner Vergangenheit bin ich mich zu erinnern bereit?

BILD	ASSOZIATIONEN	FRAGESTELLUNG
Wind oder windig	Anregung. Sensorische Überreizung.	Wo in meinem Leben suche ich nach Anregung? Wo fühle ich mich überfordert?
Windmühle *siehe auch* Wind	Kraft der Bewegung. Anregende Kraft.	Welche machtvollen Gedanken bewegen mich?
Winter	Zyklus des Zerfalls. Ruhe. Wiedergeburt.	Was will ich hervorbringen?
Wirbelsturm	Destruktive Emotionen.	Welche übermächtigen Gefühle bin ich zu durchleben bereit?
Wissenschaftler	Arbeit an Verständnis oder Wissen.	Was möchte ich verstehen oder beschreiben?
Witwe(r)	Einsamkeit. Isolation.	Welcher Teil von mir ist einsam?
Wohnung *siehe auch* Haus	Ein Teil des gesamten Gebäudes des Selbst.	Welche Anteile meines Selbst habe ich in Besitz genommen?
Wohnzimmer *siehe auch* Haus	Zentraler Ort im Haus des Selbst.	Was ist für mein Dasein von zentraler Bedeutung?
Wolf *siehe auch* Tiere, wildlebende	Instinkt. Freßlust. Bedrohlichkeit. Loyalität.	Welche Instinkte sind eine Bedrohung für mich? Wem oder was gilt meine instinktive Loyalität?

BILD	ASSOZIATIONEN	FRAGESTELLUNG
Wolken	Übergang. Mal hell, mal dunkel. Verwirrung.	Durch was gehe ich hindurch?
Wolkenkratzer	Streben nach Höherem. Weltliche Ziele.	Was möchte ich erreichen? Wie hoch bin ich zu klettern bereit?
Wunde	Wunder Punkt. Ort der Qual.	Welche Verletzung darf nun ausheilen?
Wunder	Übernatürliches Phänomen.	Wo in meinem Leben spüre ich die Vollkommenheit meines eigenen Seins?
Wurm	Zersetzung. Bedeutungslosigkeit.	Wo in meinem Leben bin ich bereit, mich zu behaupten?
Wurzeln	Erdung. Nährung.	Was verbindet mich mit meiner Quelle?
Würzig	Geschmack. Intensität.	Wo in meinem Leben sehne ich mich nach mehr Anregung? Was schärft meine Sinne?
Wüste	Isolation. Rückzug. Ausdauer.	Wovon möchte ich mich zurückziehen?

Wut
siehe Zorn

BILD	ASSOZIATIONEN	FRAGESTELLUNG
Yeti *siehe auch* Tiere, wildlebende	Halb Mensch, halb Tier. Sagenumwoben.	Welcher Teil meines größeren Selbst schleicht sich an mich an?
Zahlen *siehe* einzelne Stichworte	Für die Interpretation von Zahlen gibt es in unserer Kultur keine konsequente Lehre. Erscheint Ihnen in Ihren Träumen immer wieder eine bestimmte Zahl, dann fragen Sie sich zunächst, welche persönliche Bedeutung diese für Sie hat. Vielleicht hat sie mit einem für Sie wichtigen Datum, einer bestimmten Adresse, einem Geburtsdatum oder anderen Ereignissen oder Erfahrungen zu tun. Klären Sie zunächst solche persönlichen Assoziationen. Im folgenden finden Sie die allgemeine Deutung der Zahlen von eins bis zehn, sowie der Elf, der Zweiundzwanzig und der Dreiunddreißig. Das Traumbewußtsein dürstet stets nach neuem Material und wird dieses System mühelos verinnerlichen, wenn es Ihnen eingängig erscheint.	
• eins	Anfang. Einheit. Essenz. Wille des einzelnen.	Wer bin ich?
• zwei	Dualität. Opposition. Ausgewogenheit Partnerschaft.	Wie trete ich in Beziehung?

BILD	ASSOZIATIONEN	FRAGESTELLUNG
· drei	Dreifaltigkeit. Ausgewogenheit der Gegensätze. Geselligkeit.	Wie integriere ich die Gegensätze in mir?
· vier	Stabilität. Materie. Fähigkeit zur plötzlichen Veränderung. Streben nach irdischen Dingen.	Wo in meinem Leben bin ich am stabilsten?
· fünf	Quintessenz. Wechsel. Feier.	Was entfaltet sich in mir?
· sechs	Expansion. Organisation. Harmonie. Häuslichkeit.	Welche Verpflichtungen bin ich zu übernehmen bereit?
· sieben	In die Form gebrachte Energie. Wachstumszyklen. Disziplin.	Was bin ich zu lernen bereit?
· acht	Ewigkeit. Fülle. Macht. Kosmisches Bewußtsein.	Was bin ich zu empfangen bereit?
· neun	Verborgener Segen. Vollendung. Mitgefühl.	Was wird mir offenbart?
· zehn	Neubeginn auf einer höheren Ebene.	Was habe ich gelernt?

BILD	ASSOZIATIONEN	FRAGESTELLUNG
· elf	Inspiration. Revolution. Entsprechung der Zahl zwei auf einer höheren Ebene.	Was bin ich zu verändern bereit?
· zweiundzwanzig	Irdische Mission. Ich selbst und andere.	Worauf vertraue ich?
· dreiunddreißig	Erlösung und Versuchung.	Wo in meinem Leben war ich erfolgreich oder bin ich gescheitert?
Zahnarzt *siehe auch* Zähne	Arbeit an der eigenen Unabhängigkeit und Macht.	Welcher Teil von mir bedarf der Stärkung?
Zähne *siehe auch* Körperteile	Unabhängigkeit. Macht. Fähigkeit zu nähren und zu kommunizieren.	Wo in meinem Leben fürchte ich mich vor Abhängigkeit? Was möchte ich sagen?
Zaun	Grenze. Abtrennung. Wo Unterschiede aufeinandertreffen.	Was zäune ich ein, oder was grenze ich aus?
Zeh *siehe auch* Körperteile	Anfang, besonders einer Bewegung.	Wohin bin ich aufzubrechen bereit?
Zehn *siehe auch* Zahlen	Neubeginn auf einer höheren Ebene.	Was habe ich gelernt?
Zeichentrickfigur	Karikatur.	Welche Elemente von mir empfinde ich als lustig oder albern?

BILD	ASSOZIATIONEN	FRAGESTELLUNG
Zeit	Gebundensein. Organisation.	Wo bin ich bereit, mein Leben auf die leichte Schulter zu nehmen?
Zelt *siehe auch* Haus	Provisorische Wohnstatt des Selbst.	Mit welchem natürlichen Teil von mir möchte ich wieder in Verbindung kommen?
Zentaur *siehe auch* Mensch; Pferd	Verbindung von animalischer und menschlicher Natur oder von Instinkt und Bewußtsein.	Wo in meinem Leben bringe ich natürliche Weisheit mit dem Intellekt in Einklang? Welche Aspekte meiner Sexualität dürfen in mir heil werden?
Zentrum	Brennpunkt. Quintessenz.	Was ist mein innerster Wesenskern?
Zerbrechen	Zerstörung. Gewaltsame Veränderung.	Aus welchen Mustern oder Formen bin ich herausgewachsen?
Zeremonie	Formeller Ritus. Ritual.	Welche tiefe Verpflichtung bin ich einzugehen bereit?
Ziege *siehe auch* Haustiere	Lustvolle Kraft. Unablässige Energie. Allesfresser.	Was bin ich zu tun entschlossen?

BILD	ASSOZIATIONEN	FRAGESTELLUNG
Ziegel	Solidität.	Welche dauerhafte Struktur will ich errichten?
Zigarette *siehe auch* rauchen	Anregung. Sucht.	Wovon will ich mich ablenken?
Zimmerdecke *siehe auch* Haus	Begrenzung nach oben hin. Obergrenze.	Wo in meinem Leben bin ich bereit, meine Grenzen nach oben hin zu verschieben?
Zirkus	Kindliche Freude. Phantasie. Fülle.	Was möchte ich genießen?
Zombie	Wiederbeseelte Leiche.	Was befürchte ich loszulassen?
Zoo *siehe auch* Tiere, wildlebende	Kontrollierte Wildheit.	Welche Instinkte möchte ich von einer sicheren Warte aus beobachten oder ausleben?
Zorn	Arbeit an der Opferrolle.	Nach welcher inneren Stärke suche ich?
Zucker	Süße. Nascherei. Manchmal auch verbotene Freude.	Welche Freuden versage ich mir?
Zuckungen *siehe* Anfälle		

BILD	ASSOZIATIONEN	FRAGESTELLUNG
Zug *siehe auch* Fahrzeuge; Reisen	Reiseart, bei der man sich die Gegend anschauen kann, durch die man fährt.	Was möchte ich mir anschauen, während ich mein Leben verändere?
Zuhause *siehe auch* Haus	Mittelpunkt des Seins. Spirituelles Selbst.	Wo wohnt mein Geist?
Zunge *siehe auch* Körperteile	Geschmacksvergnügen.	Was möchte ich unbedingt probieren?
Zurückgeblieben (in der Entwicklung)	Arbeit an der Entwicklung und Aus- oder Weiterbildung.	Wo in meinem Leben will ich mit den anderen gleichziehen? Wo habe ich Angst, ins Hintertreffen geraten zu sein?
Zurückschneiden (Pflanzen)	Ausmerzung von Altgewachsenem.	Welchen alten Kram bin ich zu beseitigen bereit?
Zusammenstoß	Gewaltsame Zerstörung. Hindernis auf dem Weg zum Fortschritt.	Wer oder was will mich aufhalten?
Zwei *siehe auch* Zahlen	Dualität. Opposition. Ausgewogenheit. Partnerschaft.	Wie trete ich in Beziehung?

BILD	ASSOZIATIONEN	FRAGESTELLUNG
Zweige	Kleines Wachstum.	Wo in meinem Leben bin ich im Begriff zu wachsen?
Zweiund- zwanzig *siehe auch* Zahlen	Irdische Mission. Ich selbst und andere.	Worauf vertraue ich?
Zwerg	Die Macht des Kleinen. Unbewußte Kräfte. Magie.	An welcher Stelle leiste ich Veränderungsarbeit?
Zwillinge	Arbeit an der Identität. Spiegelbild.	Was spiegle ich?

GOLDMANN

Esoterik bei Goldmann

Bruno Nardini, Das Handbuch der
Mysterien und Geheimlehren   12231

Horst E. Miers,
Lexikon des Geheimwissens   12179

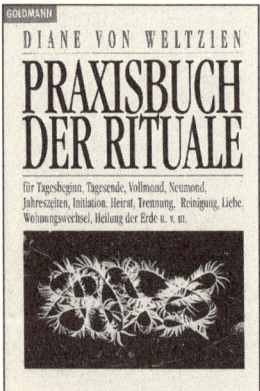

Diane von Weltzien,
Praxisbuch der Rituale   13227

Anneke Huyser, Die Bedeutung der
Elemente in unserem Leben   12279

Goldmann • Der Taschenbuch-Verlag

GOLDMANN

Persönliches Wachstum

Gerald G. Jampolsky, Lieben heißt
die Angst verlieren   13216

Norman Vincent Peale,
Heute fängt dein Leben an   13218

Jack Canfield/Mark Victor Hansen,
Hühnersuppe für die Seele   13209

Jack Canfield/Mark Victor Hansen,
Noch mehr Hühnersuppe für
die Seele   13239

Goldmann • Der Taschenbuch-Verlag

GOLDMANN

Basiswissen kompakt

Joseph O'Connor/Ian McDermott,
NLP   13980

Angela Hicks,
Chinesische Medizin   13985

David Lawson,
Selbstheilung   13982

Cathy Hopkins,
Aromatherapie   13977

Goldmann • Der Taschenbuch-Verlag